활용하는
교과서 어휘

ⓒ 2019 고정욱

1판 1쇄 펴낸날 | 2019년 2월 15일
1판 4쇄 펴낸날 | 2024년 12월 31일

지은이 | 고정욱
그린이 | 안성하
펴낸이 | 양승윤

펴낸곳 | (주)와이엘씨
출판등록 | 1987년 12월 8일 제1987-000005호
주소 | 서울특별시 강남구 강남대로 354 혜천빌딩 (우)06242
전화 | 02-555-3200
팩스 | 02-552-0436
홈페이지 | www.aladinbook.co.kr

Utilizing Textbook Vocabulary
by Ko Jung-wook

Copyright ⓒ 2019 by Ko Jung-wook
Printed in KOREA

값 15,800원
ISBN 978-89-8401-772-6 73700

「이 도서의 국립중앙도서관 출판시도서목록(CIP)은 e-CIP 홈페이지(www.nl.go.kr/cip.php)에서 이용하실 수 있습니다. (CIP제어번호 : 2019002226)」

알라딘 북스는 (주)영림카디널의 아동 전문 출판 브랜드입니다.

	① 품명 : 활용하는 교과서 어휘	⑦ 사용연령 : 8세 이상
	② 제조자명 : 알라딘북스	⑧ 취급상 주의사항
	③ 주소 : 서울시 강남구 강남대로 354	• 종이에 베이지 않도록 하세요.
공통안전기준	④ 연락처 : 02-555-3200	• 책의 모서리가 날카로우니 던지거나 떨어뜨려 다치지 않도록
표시사항	⑤ 제조년월 : 2024년 12월	주의하세요.
	⑥ 제조국 : 대한민국	⑨ KC마크는 이 제품이 공통안전기준에 적합하였음을 의미합니다.

초등학생이 꼭 읽어야 할 필수 사전

활용하는 교과서 어휘

| 수학·과학 편 |

글 고정욱 | 그림 안성하

알라딘북스

대학 시절부터 나는 작가의 꿈을 가졌습니다. 작가가 되려면 무엇이 필요한가 생각해 보니 남들보다 뛰어난 어휘력이었습니다. 어휘를 많이 알아야 그 의미를 잘 사용해 멋진 문장으로 감동적인 문학 작품을 쓸 수 있는 것이지요.

그때부터 책을 읽거나 신문을 볼 때 모르는 단어가 나오면 꼭 적어 두었다가 사전을 찾아보았습니다. 사전에 나온 뜻을 노트에 옮겨 적으며 단어장을 만들었고, 그 단어를 시간 날 때마다 익히려 애를 썼습니다. 그런 습관은 작가가 되는 데 중요한 밑거름이 되었습니다. 어휘를 많이 안다는 건 생각의 폭이 넓어진다는 뜻입니다. 사물을 설명하지 않고 그 사물의 이름을 알게 되기 때문입니다. 어휘력이 좋다는 건 수많은 사물을 내 것으로 만든 것이나 마찬가지입니다. 군인이 전쟁에 나갈 때 총알을 많이 가져가는 것과 다르지 않습니다.

　초등학교 시절 교과서에 나온 필수 단어들을 꼭 내 것으로 소화해 놓지 않으면 중고등학교에 올라가서 아무리 많은 공부를 해도 모래밭에 탑을 쌓는 것과 같습니다. 책을 많이 읽고 글을 써 봐야 하는 이유도 바로 이러한 어휘를 내 것으로 만들기 위한 작업이기 때문입니다. 이 책은 그런 어린이들을 위해 기획했습니다.

　교과서에 나오는 단어들을 뽑아 재미있는 스토리텔링으로 단어들을 소개했습니다. 이야기를 통해 자연스럽게 단어의 쓰임을 알고 나면, 말뜻을 정리해 주고 생각할 거리들을 던져 줍니다. 또한 멘토링을 통해 지식을 깊게 만들어 주도록 구성했습니다. 뿐만 아니라 글쓰기에 필요한 다양한 논술을 통해 생각하는 훈련을 하도록 꾸몄고, 주어진 주제에 맞는 글을 씀으로써 실전을 익히도록 했습니다.

　다시 말하지만 어휘는 총알입니다. 최대한 많이 익혀서 내 것으로 만들어야 합니다. 어린이들이 보다 똑똑하고 말을 잘하고, 글을 잘 쓰는 어른으로 성장하길 바랍니다.

2019년 봄, 북한산 기슭에서

고정욱

 차례

머리말 • 4

내 꿈은 소방관 • 8

우리 가족 텃밭 가꾸기 • 18

지구본 사 온 날 • 28

콜록콜록 미세 먼지 • 38

구름의 크기 • 46

안경 맞춘 날 • 56

보물섬 탐사 • 64

함께 하는 봉사 활동 • 74

뽀삐를 찾습니다! • 82

수학은 너무 싫어! • 92

겨울이 추운 이유 · 100

물로 야채 기르기 · 108

삼촌은 화석 수집광 · 118

우리 엄마는 일등 엄마 · 128

흥미진진 철공소 구경 · 136

안전 교육 받는 날 · 146

자나 깨나 불조심 · 154

블록 만드는 삼촌 · 162

운정이네 축대 쌓기 · 172

스마트폰 천문대 · 182

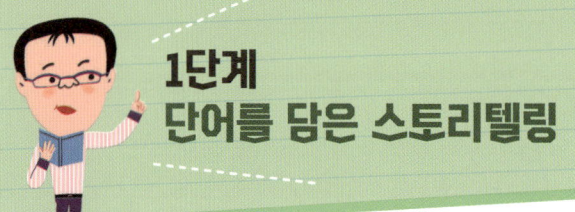

내 꿈은 소방관

대진이와 민식이는 오늘도 동네 소방서 앞을 기웃거리고 있습니다. 두 아이의 꿈은 소방관입니다. 학원에 다녀오다가도 시간만 나면 이렇게 소방서 앞을 기웃거립니다. 마침 소방관 아저씨들이 공터에 호스를 늘어놓고 점검을 하고 있습니다.

"와! 정말 멋있다."

"화재가 나면 언제라도 달려가겠지?"

두 아이가 소방서 앞을 어슬렁거리자, 양동이에 물을 떠 오던 소방관 아저씨가 아이들에게 다가왔습니다.

"너희들 소방서에 무슨 볼일이라도 있니?"

"아뇨, 그냥 구경하는 거예요."

"그렇구나."

그때 대진이가 용기 있게 말했습니다.
"나중에 소방관 되려고요."
"맞아요. 우리 둘 다 꿈이 소방관이에요."
두 아이가 눈을 반짝이자 소방관 아저씨가 고개를 끄덕였습니다.
"아하, 그래? 꼭 꿈을 이루도록 해라."
궁금증 많은 대진이가 물었습니다.
"아저씨, 지금 뭐 하시는 거예요?"
"**합동**으로 출동 준비를 하고 있어."

"와! 소방관 아저씨들이 전부 다 나와서 하는 거예요?"
"그럼, 역할들이 다 있지."
"불은 자주 나나요?"
"화재 **확률**은 항상 높단다. 조용하다가도 언제든 사건 사고는 날 수 있거든. 그럴 때는 최대한 빨리 출동해야 하기 때문에 늘 준비하고 있어야 한단다. 우리가 조금이라도 늦으면 생명을 못 구할 수도 있거든. **분**과 **초**를 다투는 일이 소방 출동이야."

"아, 그렇군요. 그래서 사이렌을 마구 울리는 거예요?"
"그 **소리** 엄청 시끄럽던데."
"그렇지? 긴급 상황이라는 걸 알리기 위해서 사이렌을 울리며 달려가는 거란다. 불을 끄는 것은 쉬운 일이 아니거든. 목숨 걸고 하는 일이니까."
그때였습니다. 확성기로 긴급 방송이 나왔습니다.
"화재 발생! 출동! 출동!"
2층에 있던 소방관 아저씨들이 봉을 잡고 1층으로 황급히 내려오는 것이 보였습니다. 긴급히 소방차에 오른 소방관 아저씨들이 사이렌을 울리

며 출동하는 중이었습니다. 아저씨도 들고 있던 양동이를 내려놓고 재빨리 소방차에 올랐습니다.

"와! 정말 멋지다."

소방차들이 떠나고 나자 두 아이는 소방서 앞에 도로가 많이 비어 있는 걸 보았습니다.

"소방서 앞 도로에는 주차하면 안 되나 봐."

"소방차가 언제든 출동해야 되니까 그렇게 **규칙**을 만들었겠지."

"그렇구나. 집집마다 **소화**기를 가지고 있다면 화재를 먼저 막을 수 있을 텐데."

"소화기가 불 끄는 거지?"

"응, 그래서 소화기가 집집마다 있잖아."

잠시 후 출동했던 소방차들이 소방서로 돌아왔습니다.

"어, 왜 벌써 돌아오지?"

차에서 내린 아까 그 아저씨가 두 아이를 보고 물었습니다.

"너희 아직도 안 가고 있었구나."

"아저씨, 벌써 불 끄고 온 거예요?"

대진이가 물었습니다.

"아니, 장난 전화였어."

"네?"

두 아이는 깜짝 놀랐습니다.

"어떻게 그럴 수가 있어요?"

"가끔 장난 전화하는 어리석은 사람들이 있단다. 너희들은 절대 그러면 안 돼."

"그럼요! 우리는 절대 안 그래요."

"맞아요. 아저씨들이 얼마나 고생하시는데."

"신고 전화가 들어오면 우리는 달려갈 수밖에 없어. 10분 **이상** 늦게 되면 불이 걷잡을 수 없이 커지기 때문이야."

"정말요?"

"응, 건물이 **연소**되는 데는 생각보다 긴 시간이 필요 없단다. 중요한 건 건물이 아니라 생명이거든. 사람들이 독한 **연기**를 마시고 죽거나 다치기 때문에 우리들 마음이 급한 거야."

아저씨와 이야기를 나누고 돌아오는 길에 두 아이는 정말 소방관 아저씨들이 고생한다는 것을 몸으로 느낄 수 있었습니다. 그리고 나중에 어른이 되면 꼭 훌륭한 소방관이 되어야겠다는 결심도 할 수 있었습니다.

2단계
고 박사님의 단어 노트

이야기에 담긴 단어 알기

1. **합동:** 두 명 이상의 조직이나 개인이 모여 행동이나 일을 함께함.
2. **확률:** 일정한 조건에서 어떤 사건이나 사물, 현상이 일어날 가능성의 정도.
3. **분:** 한 시간의 60분의 1이 되는 동안을 세는 단위.
4. **초:** 한 시간의 3,600분의 1이 되는 동안을 세는 단위.
5. **소리:** 물체의 진동에 의해 생긴 음파가 귀청을 울려 귀에 들리는 것.
6. **규칙:** 여러 사람이 같이 지키기로 한 법칙. 또는 제정된 질서.
7. **소화:** 불을 끔.
8. **이상:** 수량이나 정도가 일정 기준보다 더 많거나 나음.
9. **연소:** 물질이 산소와 화합할 때, 많은 빛과 열을 내는 현상.
10. **연기:** 무엇이 불에 탈 때 생겨나는 흐릿한 기체나 기운.

 **고 박사님의 멘토링**

꿈이 있는 사람은 여러 가지 방법으로 자신의 꿈을 이루려고 합니다. 가장 좋은 건 원하는 꿈을 향해서 나가기 전에 그 꿈을 이룬 사람을 만나는 것입니다. 그리고 그들에게 조언을 듣거나 그들이 노력한 대로 해 보는 것이 좋습니다. 이것을 우리는 멘토링이라고 부릅니다. 만약에 꿈이 소방관이라면 가능한 빨리 소방관을 만나고 그들의 이야기를 들어보면서 꿈을 좀 더 강화하는 것이 좋습니다. 막연히 꿈을 정해 놓고 있는 것보다 직접적으로 꿈의 현장에 가서 그곳 사람들을 만나면 더 강하게 노력할 수 있기 때문입니다.

 **장난 전화는 왜 위험할까요?**

허위 신고는 어떤 일이나 사건이 발생하지 않았는데도 마치 발생한 것처럼 공무원에게 신고하는 것입니다. 처벌 관련 법규는 형법 제137조(위계에 의한 공무 집행 방해)와 경범죄 처벌법 제3조 제3항 제2호(거짓 신고) 등이 있습니다. 잘못 걸린 전화는 처벌하지 않지만 업무에 지장을 주거나 안 좋은 의도로 거는 장난 전화의 경우 처벌받을 수 있습니다.

3단계
개념을 위한 논술 교실

1 다음 단어를 넣어서 문장을 완성해 보세요.

연소: _____

소리: _____

연기: _____

합동: _____

규칙: _____

2 우리 집에 화재가 날 경우 내가 해야 할 일의 순서를 적어 보세요.

1) _____

2) _____

3) _____

3 소방관이나 경찰관은 우리 생활 속에서 어떤 역할을 하는지 생각해 보고, 감사의 편지를 써 보세요.

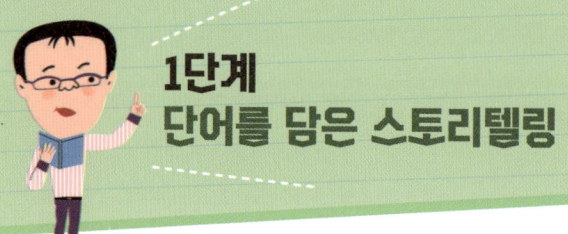 

**1단계
단어를 담은 스토리텔링**

우리 가족 텃밭 가꾸기

경기도 가평 야트막한 산자락의 텃밭에 민호 가족이 모였습니다. 저 멀리 밭모퉁이에 아지랑이가 피어오르고, 봄기운이 완연한 이곳에서 모두 팔을 걷어붙이고 텃밭을 가꾸고 있습니다.

"아빠, 이 땅이 얼마나 넓은 거예요?"

민호가 삽으로 땅을 파며 물었습니다.

"이 땅의 **넓이**는 한 200평 된단다."

"200평이면 몇 제곱미터에요?"

"어디 보자. 대략 3.3제곱미터를 곱하면 돼."

스마트 폰을 꺼내 **계산**해 본 민호가 탄성을 질렀습니다.

"와우! 그러면 660제곱미터나 되는 거예요?"

보고 있던 엄마가 웃었습니다.

"그래, 요즘은 미터법으로 모든 걸 바꾸라는데 잘 안 되는 것 같아. 너무 오랫동안 '평'을 사용해서."

민호는 660이라는 숫자에 놀랐습니다.

"너무 넓어요. 여기에 다 채소를 심는다고요?"

아빠가 그럴 줄 알았다는 듯 빙그레 미소를 짓고 말했습니다.

"걱정하지 마. 이쪽 산 밑으로는 나무를 심고 50평 정도만 텃밭으로 쓸 거란다."

"뭘 심을 건데요?"

"고추라든가 상추, 그밖에 여름 채소들을 심어야지. 나중에 삼겹살 구워서 쌈 싸 먹자."

"와! 신난다. 내가 다 먹어 버려야지."

쪼그리고 앉아 흙장난하던 동생 민지가 말했습니다.

"자자, 해떨어지기 전에 열심히 텃밭을 만들어 보자."

아빠와 엄마는 삽과 곡괭이로 밭이랑을 만들기 시작했습니다. 작년에 만들었던 이랑을 좀 더 북돋아 주고 땅을 갈아서 공기가 들어가게 해 주는 것입니다.

"아빠, 그냥 작년에 심었던 땅에 씨앗을 뿌리면 되지, 왜 이렇게 흙을 돋아 줘요?"

"채소들이 **뿌리**를 내리려면 흙들이 딱딱하면 곤란해. 흙 사이로 공기가 들어가야 하고 영양분도 들어갈 수 있어야 **줄기**가 잘 자란단다. 줄기가 튼튼해야 열매도 잘 맺는 법이거든."

"아, 그렇구나. 지금 씨 뿌리면 바로 싹이 나요?"
"아니야. 지금은 **기온**이 낮아서 안 돼. 흙만 북돋아 놓고 다음 달 쯤에 와서 기온이 올라가면 그때 심을 거란다."
"거름도 해야 하잖아요?"
"응, 옛날에는 **가축** 분뇨 같은 걸 거름으로 썼는데 요즘은 퇴비를 써."
"퇴비는 또 뭐예요?"
"낙엽이나 동물의 분뇨 같은 것을 섞어서 발효시킨 거지. 자연스러운 친환경 비료라고 할 수 있어."
그때 옆에 있던 엄마가 말했습니다.
"어렸을 때 퇴비 쌓아 둔 곳에서는 **열**이 나서 후끈후끈 했어."
"그래, 발효하면서 열이 발생하는 거지. 눈이 와도 퇴비 덩어리에는 눈이 다 녹아 버렸어."
"와, 정말요? 그런데 요즘은 눈이 잘 안 오잖아요?"
"그래, **지구 온난화** 때문이지. **자연재해**도 심해졌어. 환경이 자꾸 오염되는 것 같아."
"아빠, 환경이 나빠지면 나쁜 벌레들도 사라지지 않나요?"
"하하! 벌레들이 더 생기지. 생태계가 파손되니까."
"그럼 농사진 걸 벌레들이 다 먹어 버리면 어떡해요?"
"걱정하지 마. 친환경 농법이라는 게 있단다."
"친환경 농법요?"
"**천적**들이 해충을 잡아먹게 하면 되지."

"멋진데요."

민호는 마치 공상 과학 영화를 보는 것 같은 상상을 했습니다.

"천적들이 잡아먹으면 환경오염도 되지 않고, 자연스럽게 해충 퇴치도 되거든."

"우리는 무슨 천적을 기를 거예요?"

아빠가 잠시 허리를 펴고 땀을 닦으며 말했습니다.

"고추랑 상추는 우리가 천적을 쓸 만큼 크게 하는 게 아니니까 고추가 병 걸리지 않고 무사히 잘 자라기를 기도해야겠지."

"에이, 그러다 망할 수도 있잖아요."

"텃밭 농사니까 망한다고 크게 손해 볼 일은 없는데 환경이 오염되는 건 걱정이야."

그때, 호미로 말라붙은 풀을 제거하던 엄마가 말했습니다.

"민호 너는 말만 하고 일은 안 해? 빨리 삽질해야지."

"아, 알았어요."

민우는 다시 열심히 삽질을 했습니다. 민지는 풀밭에서 쑥을 캐고 있었습니다. 민우네 가족은 따뜻한 봄날 야외에서 행복한 시간을 보냈습니다. 자연과 하나되는 기분이 무척 상쾌했습니다.

2단계
고 박사님의 단어 노트

이야기에 담긴 단어 알기

1 **넓이:** 일정한 평면에 걸쳐 있는 공간 또는 범위의 크기.
2 **계산:** 수를 헤아림.
3 **뿌리:** 식물의 밑동으로서 땅속에 묻히거나 다른 물체에 박혀 수분과 양분을 빨아올리고 줄기를 지탱하는 작용을 하는 기관.
4 **줄기:** 고등 식물에 있어 기본 기관의 하나. 식물체를 받치고 뿌리로부터 흡수한 수분이나 양분을 체관부, 물관부를 통하여 각 부에 나르는 역할을 함.
5 **기온:** 땅 가까이의 공기 온도.
6 **가축:** 집에서 기르는 짐승.
7 **열:** 물체의 온도를 높이거나 상태를 변화시키는 에너지.
8 **지구 온난화:** 지구의 기온이 높아지는 현상.
9 **자연재해:** 태풍, 가뭄, 홍수, 지진, 화산 폭발 등의 피할 수 없는 자연 현상으로 인해 일어나는 재해.
10 **천적:** 잡아먹는 동물을 잡아먹히는 동물에 상대해 이르는 말.

고 박사님의 멘토링

텃밭을 가꾸거나 정원을 꾸미는 일은 우리에게 도움을 많이 주는 활동입니다. 우선 운동이 됩니다. 45분 정도 흙일을 하면 30분간 에어로빅 한 것과 비슷한 양의 칼로리를 소비한다고 합니다. 그리고 일을 하는 동안 스트레스가 줄어들어 긴장이 풀리고 복잡한 생각이 비워지면서 머릿속이 맑아집니다. 무엇보다 가장 좋은 것은 인내심을 길러 주는 것입니다. 채소는 결코 빨리 자라지 않기에 잘 가꿔 줄 때 수확을 통해 보답하는 자연을 보며 참고 기다리는 것을 배우게 됩니다.

호미의 반격이 시작되다?

오래 전부터 우리가 즐겨 쓰던 농기구 호미가 요즘 세계적으로 큰 사랑을 받고 있습니다. 호미는 서양의 모종삽은 할 수 없는 다양한 기능을 갖고 있습니다. 땅을 파거나 잡초를 제거하고 흙을 북돋는 일을 호미 하나로 할 수 있기 때문입니다.

3단계 개념을 위한 논술 교실

1 다음 단어를 넣어서 문장을 완성해 보세요.

뿌리:

계산:

지구 온난화:

천적:

줄기:

2 텃밭에 가꾸면 좋을 채소들을 찾아 이름을 적어 보세요.

1)

2)

3)

3 텃밭을 가꾸면 어떤 좋은 점이 있는지 생각해 보고, 글로 써 보세요.

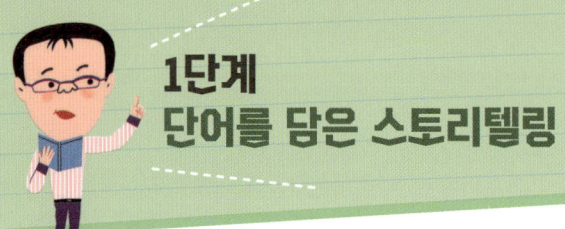 

**1단계
단어를 담은 스토리텔링**

지구본 사 온 날

저녁에 퇴근한 아빠 손에는 커다란 상자가 들려 있었습니다.

"아빠, 이게 뭐예요?"

귀가하는 아빠가 뭔가를 가져오면 상호는 항상 기분이 좋습니다.

"응, 상호 선물."

"와, 신난다!"

"이따 네 방에서 같이 풀어 보자."

"지금 풀어 보면 안 돼요?"

"안 돼. 아빠랑 같이 풀어야 해."

아빠가 옷을 갈아입고 화장실에서 세수할 동안 상호는 상자를 들고 팔짝팔짝 뛰었습니다.

"아빠, 빨리 나오세요! 빨리요. 궁금하단 말이에요."

"하하하! 이 녀석. 알았다, 알았어."

아빠가 상호 방으로 갔습니다. 상호 방 한쪽 벽에는 커다란 세계 지도가 그려져 있습니다. 세계적인 리더가 되라고 아빠가 상호 어릴 때부터 방에 붙여 준 세계 지도입니다.

"짜잔!"

아빠가 꺼낸 것은 지구본이었습니다.

"지구본이네요."

상호는 약간 실망했습니다. 아빠가 야구 글러브나 게임기 같은 물건을 사 왔길 기대했기 때문입니다.

"이게 바로 **지구**를 본 따 만든 지구본이란다. 네가 세계 지도를 보면서 늘 궁금했었던 거를 이 지구본이 많이 설명해 줄 거야. 자, 지구의 움직임을 쉽게 이해할 수 있게 하는 기능이 있단다."

"우리나라는 여기에 있네요."

상호가 금세 지구본에서 우리나라를 찾아냈습니다.

"그래, 우리나라는 아주 조그맣지?"

"네, 아주 작아요."

상호는 지구본을 살피다 다시 물었습니다.

"여기 그어진 선처럼 지구에도 선이 그어져 있어요?"

상호 말처럼 지구본에는 가로 세로로 선이 촘촘히 그어져 있었습니다.

"아니야. 이건 우리가 쉽게 위치를 이해하라고 금을 그어 놓은 거란다. 지구를 놓고 세로로 선을 그은 것이 **경도**, 가로로 그은 것이 **위도**란다.

이 선은 우리가 어디에 있는지를 알기 위해서 전 세계에서 약속한 선이란다."
"너무 어려워요."
"위도는 **적도**를 기준으로 하여 남쪽과 북쪽의 위치를 나타내는 선이야. 그 단위는 도, 분, 초란다. 경도는 영국의 그리니치 천문대를 중심으로 서쪽과 동쪽의 위치를 **측정**하는 것인데 위도와 마찬가지로 경도도 도, 분, 초로 표시돼."
"그럼 이 지구의 꼭지는 뭐예요?"

"북쪽 꼭지가 **북극**이고, 남쪽 아래의 꼭지가 **남극**이야. 이걸 중심으로 지구가 돌아가고 있어. 한번 돌려 볼래?"

상호가 지구본을 살짝 돌렸습니다. 지구본이 팽이처럼 돌아갔습니다.

"이렇게 지구는 하루에 한 바퀴를 돌고 있단다."

"그건 저도 알아요. 그걸 자전이라고 하잖아요."

"맞아! 그걸 자전이라고 하고 지구 자체는 **태양**을 중심으로 도는 거란 다. 자 여기 있는 의자가 태양이라면 지구는 자전하면서 일 년에 한 바 퀴를 도는 거지."

아빠는 지구본을 들고 의자를 한 바퀴 돌았습니다.

"아, 그렇구나."

"그런데 여기서 끝이 아니야. 이 지구를 중심으로 또 **달**이 돌지."

아빠는 다시 옆에 있는 테니스공을 들어 지구본을 한 바퀴 돌게 해 주 었습니다.

"이게 바로 우리가 살고 있는 지구의 움직임이란다."

"와, 신기해요. 그런데 지구도 이렇게 매끈매끈한가요? 산이 있어서 울 퉁불퉁하잖아요."

상호가 지구본을 만지며 물었습니다.

"아니야. **지표**에는 물도 있고 바다도 있고, 강도 있고 산도 있지."

"그럼 왜 울퉁불퉁하게 안 만들었어요?"

"지구가 워낙 크기 때문에 지구 표면의 산이나 바다는 그다지 크게 드 러나지 않아."

"아, 그렇군요."

"지표에서 많은 일이 벌어지지만 지구 전체로 보면 아주 사소한 일일 수도 있단다. 귤이 울퉁불퉁해 보이지만 크게 보면 둥근 것과 같아."

"지구본을 보니까 저기 지도에 크게 그려진 그린란드나 캐나다가 생각보다 크지 않아요."

"맞아. 저기 벽에 있는 지도는 원인 지구를 평면에 표현하려다 보니 그렇게 된 거지."

상호는 지구본을 계속 돌렸습니다. 뱅글뱅글 돌아가는 지구본을 보던 상호가 말했습니다.

"아빠, 지구가 돌기 땜에 내가 매일 어지러운가 봐요."

"허허허! 이 녀석, 학교 가기 싫어서 꾀병하는 건 아니고?"

"아니에요!"

그날 저녁, 상호 방에서는 지구의 신비로운 과학 이야기가 오래도록 계속됐습니다.

 **2단계**
고 박사님의 단어 노트

 **이야기에 담긴 단어 알기**

1. **지구:** 태양계의 세 번째 행성으로 우리가 살고 있는 천체.
2. **경도:** 지구 위의 위치를 나타내는 좌표축 중에 세로로 된 것으로, 남극과 북극을 잇는 자오선.
3. **위도:** 경도와 함께 지구 위의 위치를 나타내는 좌표의 한 가지.
4. **적도:** 지구의 자전축에 대해 직각을 이루며 지구의 중심을 지나도록 자른 평면이 지표면과 만나는 선.
5. **측정:** 도구나 장치를 이용해 길이, 넓이, 부피, 무게, 시간, 온도 등의 양을 재는 것.
6. **북극:** 북쪽 끝 지역. 육지가 아닌 북극해의 한 지점.
7. **남극:** 지구의 가장 남쪽에 있는 대륙.
8. **태양:** 태양계의 중심이며 태양계에서 유일하게 스스로 빛을 내는 별.
9. **달:** 지구 주위를 돌고 있는 위성.
10. **지표:** 지구의 표면. 혹은 땅의 겉면.

 **고 박사님의 멘토링**

지도를 자주 보게 되면 미지의 세계를 궁금해 하게 됩니다. 지도에는 나와 이웃나라, 그리고 온 세상이 어디에 있는지 알게 해주니까요. 어릴 때부터 지도를 보면서 성장하면 그 아이의 꿈이 커지기 때문에 지도를 교육용으로 많이 쓰게 되었습니다. 인간은 끊임없이 이동하고 변화하면서 살아가게 되어 있습니다. 지도는 그런 인간의 욕망에 큰 도움을 주는 도구입니다. 우리는 지도를 통해서 꿈을 키우고 알지 못하는 세상에 도전하는 멋진 삶을 살기 위해 노력하기도 합니다.

 **지도의 제작 방식에 대해 알아볼까요?**

지도를 그릴 때 가장 큰 문제는 원형인 지구를 평면에 표시하는 겁니다. 그렇기 때문에 사람들은 최대한 평면에 지구의 실제 거리를 정확히 표현하기 위해 애썼습니다. 우리가 흔히 보는 세계 지도는 원통 도법인 메르카토르 도법으로 만든 지도입니다. 경위선이 수직 교차하며, 방위가 정확해서 선박의 항해도로 이용되고 지도의 모양이 반듯하여 세계 지도 작성에 많이 이용되었습니다. 그렇지만 적도 부분은 정확한데 위아래로 올라가거나 내려갈수록 면적이 확대되고 극이 표시되지 않은 단점이 있습니다.

3단계
개념을 위한 논술 교실

1 다음 단어를 넣어서 문장을 완성해 보세요.

적도:

위도:

북극:

지구:

태양:

2 세계 지도를 보고 내가 가고 싶은 나라를 세 곳만 쓰고, 이유를 적어 보세요.

1)

2)

3)

3 우리 동네 지도를 만든다면 무엇을 기준으로 지도를 꾸밀지 생각해 보고, 지도를 그린 후, 간단한 설명을 넣어 보세요.

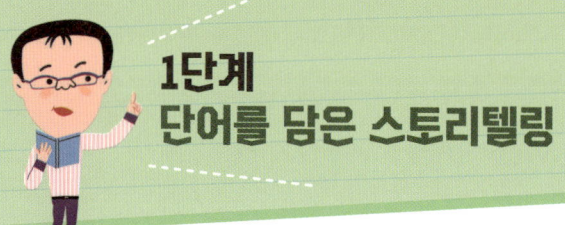

콜록콜록 미세 먼지

"콜록콜록!"

아침에 학교를 가려던 범준이는 창문을 열자마자 심하게 기침을 했습니다. **공기**가 탁해져 있었기 때문입니다.

"어머! 범준아, 창문 닫아! 지금 밖에 미세 먼지가 가득하다."

엄마가 다급한 목소리로 말했습니다.

"미세 먼지가 뭐예요?"

"응, **대기** 오염이 심각한 거야."

엄마는 아침밥을 준비하느라 정신이 없었습니다.

마침 화장실에서 나오던 아빠가 말했습니다.

"범준이가 미세 먼지에 관심이 많구나."

"네."

"아빠가 간단히 설명해 줄게. 이 세상의 모든 **물질**은 잘게 쪼개지도록 되어 있단다."

"알아요. 분자, 원자로 쪼개지잖아요."

"그렇지. 그런데 그 분자, 원자까지는 아니어도 작은 물질들이 아주 작게 공기 가운데 떠돌 때 우리는 그걸 미세 먼지라고 해. 대개 마이크론이라는 단어를 쓰는데 10마이크론 크기를 미세 먼지나 황사라고 하고, 2.5마이크론 **이하**를 초미세 먼지라고 하지."

"와, 그게 얼마나 작은 건데요?"

"머리카락 굵기와 **비교**해 보면 알 수 있어. 머리카락이 50에서 70마이

크론이거든."

"아, 그럼 눈에 보이지도 않겠어요."

범준이는 머리카락을 만져 보며 미세 먼지가 얼마나 작은지 짐작할 수 있었습니다.

"그렇지. 모든 **물체**의 기본인 원자나 분자가 눈에 안 보이듯이 미세 먼지도 안 보이지만 분명히 우리 앞에 있단다. 이걸 마시게 되면 호흡기에 탁 붙어서 사라지지 않고 계속 우리의 건강을 위협하는 거야."

"너무 무서워요."

"그래서 나라마다 자기 나라의 대기를 관리하려고 애쓰고 있단다."

"우리나라 미세 먼지는 중국에서 오는 거라고 하던데요?"

"맞아, 외국에서 오기도 하고 우리가 만들어 내기도 한단다."

범준이는 인터넷으로 미세 먼지에 대해 찾아보기 시작했습니다. 불법 소각을 하거나 자동차에서 나오는 **배기가스**, 혹은 화력 발전소의 배출 가스에서 미세 먼지가 발생한다고 나와 있습니다.

"아빠! 정말 이렇게 미세 먼지가 계속 되면 어떻게 하죠?"

뉴스를 듣던 엄마가 말했습니다.

"**오전**만 이렇고 **오후**에는 괜찮아진대.

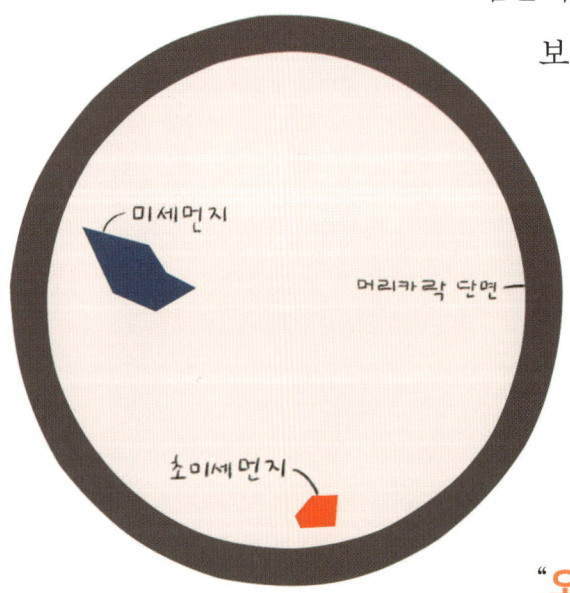

북태평양 **고기압**이 온다나 뭐래나?"

"아빠! 저건 무슨 뜻이에요?"

"응, 고기압이 오면 공기를 세게 누르니까 날씨가 맑아지고 미세 먼지를 쫓아내는 거지."

"그럼 늘 고기압이면 좋겠어요."

"하지만 겨울에는 시베리아 고기압이 오기 때문에 추워져."

"아, 너무 추운 것도 싫은데."

범준이는 날씨와 미세 먼지의 관계를 알다가도 모를 것 같았습니다.

"따뜻하면 미세 먼지, 추울 때는 맑은 공기. 이런 식으로 사람 살기가 점점 힘들어지고 있어. 삼한사온이라고 해서 과거에는 사흘 추우면 나흘 따뜻했는데. 이제 그런 기후는 지구 온난화로 완전히 사라졌단다."

"아하!"

범준이는 미세 먼지에 대해서 조금은 알게 되었습니다.

엄마가 챙겨 준 마스크를 쓰고 학교에 가면서 범준이는 먼 훗날 지구가 정말 SF 영화에 나오는 것처럼 될까 봐 걱정됐습니다. 대기가 오염되어 인류가 모두 지하로 들어가서 살아야 되는 건 아닐까 하는 상상을 하니 오싹한 기분마저 들었습니다.

2단계
고 박사님의 단어 노트

 **이야기에 담긴 단어 알기**

1 **공기:** 지구를 둘러싸고 있는 대기권 중 하층을 이루고 있는 색과 냄새가 없는 기체.
2 **대기:** 지구를 둘러싸고 있는 기체.
3 **물질:** 물체를 이루는 재료.
4 **이하:** 수량이나 정도가 일정 기준보다 더 적거나 모자람.
5 **비교:** 둘 이상의 사물을 견주어 보고 공통점 등을 찾는 일.
6 **물체:** 물질로 이루어져 있으며, 구체적인 형태를 가진 것.
7 **배기가스:** 물질이 연소, 합성, 분해될 때 발생되는 기체성 물질.
8 **오전:** 밤 열두 시부터 낮 열두 시까지의 시간.
9 **오후:** 낮 열두 시부터 밤 열두 시까지의 시간.
10 **고기압:** 기압이 상대적으로 주위보다 높은 곳.

 고 박사님의 멘토링

우리 환경오염에 가장 주된 원인은 공장에서 제품을 만들 때 발생합니다. 제품을 생산하면서 에너지가 들어가고 폐수가 발생되기 때문입니다. 게다가 제품을 쓰고 나서 버리게 되는 쓰레기로 지구가 몸살을 앓고 있습니다. 어린이들이 가장 먼저 실천할 수 있는 지구환경 보호는 물건을 사기 전에 꼭 필요한 것인가 생각해 보는 것입니다. 가급적이면 플라스틱 물건이나 일회용품은 쓰지 않는 것이 좋습니다. 물건을 버릴 때에도 과연 버려야 하는지를 잘 생각해 보고, 재활용 방법을 찾는 것이 중요합니다.

 신기한 나노의 세계

나노라는 말은 고대 그리스어 나노스(nanos)에서 유래했습니다. 키가 작은 장애인을 뜻하는 말인데 지금은 물리학적으로 아주 작은 미세한 계량 단위로 씁니다. 1나노미터는 머리카락 굵기의 10만분의 일 정도로 원자 4개가 들어가는 크기입니다. 나노의 세계는 전자 현미경이 개발된 뒤에 관찰이 되었습니다. 지금은 기계 에너지 화학에서 응용하고 있습니다. 이제 인간이 물질의 최소 단위까지 통제할 수 있게 되었다는 것이 바로 나노의 의미입니다. 인류의 문명이 획기적으로 바뀔 수 있는 계기인 것이지요.

3단계
개념을 위한 논술 교실

1 다음 단어를 넣어서 문장을 완성해 보세요.

공기: _____

물질: _____

비교: _____

배기가스: _____

오전: _____

2 내가 가장 많이 배출하는 쓰레기 세 개를 쓰고, 어떻게 하면 줄일 수 있는지 방법도 찾아 써 보세요.

1) _____

2) _____

3) _____

3 우리 집에서 일주일에 쓰레기 봉지 하나만 허락된다면 무엇을 가장 먼저 줄여야 할지 생각해 글로 써 보세요.

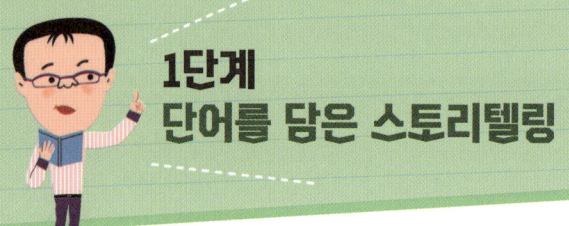

**1단계
단어를 담은 스토리텔링**

구름의 크기

강원도 산들은 계곡으로 이어진 구불구불한 찻길로 인해서 높은 곳에서 아름다운 풍경을 감상하며 즐길 수 있습니다. 구불구불한 고개를 넘어 가족들이 탄 차가 깊은 계곡으로 내려갈 때 태민이는 탄성을 질렀습니다.

"와! 아빠, 구름이 땅을 덮었어요."

엄마가 운전하는 차의 조수석에 앉은 아빠가 고개를 돌려보니 하늘에 있던 구름이 그 모양 그대로 계곡의 마을과 학교 교회를 덮고 있었습니다. **그림자**가 땅에 내려온 것입니다.

"그렇구나. 저기 있는 땅은 구름에 가렸네."

"구름이 얼마나 크고 높기에 마을을 가려요?"

"글쎄, 저 구름의 경우는 **고도**가 300에서 400미터 정도 되겠다."

"구름은 그림자보다 훨씬 작은 거지요?"

"구름 **크기**가 그림자 크기일 걸?"

"왜요? 아닐 걸요. 구름이 더 작을 거예요. 그림자놀이 할 때, 손으로 강아지를 만들면 벽에는 엄청 크게 나와요. 그림자를 보면서 구름의 크기를 알 수는 없을 것 같아요."

아빠는 재미있다는 듯 고개를 저으며 말했습니다.

"아니, 그림자로 구름의 크기를 알 수 있어."

"와, 대박! 어떻게요?"

"구름이라는 게 원래 **수증기**가 응결되어서 높이 올라가다가 **냉각**되어 하얗게 보이는 거잖아."

"맞아요. 과학 시간에 배웠어요. 기온이 **영하**로 내려가면 눈이 되거나 우박이 되는 거잖아요. 구름이 얼었다가 떨어지는 건 눈이고, 비가 얼어서 떨어지는 건 우박이라고 배웠어요."

"맞아. 그러면 구름의 크기나 **길이**를 어떻게 직접 아는지 생각해 보렴."

아빠는 아예 차를 갓길에 세우게 했습니다.

태민이와 차에서 내려 구름을 보면서 이야기를 이어 갔습니다. 과학을 좋아하는 아빠는 태민이와 궁금증이 생기면 이렇게 그 자리에서 토론하면서 이야기 나누는 걸 즐깁니다.

"네가 아까 그림자놀이 할 때 손은 조그맣지만 벽에 비친 그림자는 크다고 했지?"

"맞아요. 굉장히 크게 할 수 있어요. 영화에서도 보면 필름은 조그맣지

만 큰 스크린에서 영상을 보여 주잖아요."

"맞아. 하지만 대개 구름과 그림자는 크기가 거의 같다고 봐야 해. **정비례**한다고 봐야지."

"왜요? 구름은 작은데 그림자는 더 커지는 거 아니에요?"

"아니야. 지구 **표면**의 그림자가 비치면 그게 구름의 크기인 이유는 태양이 너무 멀리 있기 때문이란다. 태양 빛이 지구에 올 때까지 8분 이상이 걸린다는 건 어마어마하게 멀리 있다는 뜻이고, 구름과 땅 사이의 거리는 사실 의미가 없어. 한 마디로 태양은 **평행** 광이라고 보면 돼."

"아, 그렇구나. 전등이나 촛불처럼 퍼지는 광선이 아닌가 봐요?"

"그렇지. 자 이걸 봐."

아빠가 땅에 손바닥을 들어올렸습니다. 하지만 그림자는 전혀 늘어나지 않았습니다.

"아무리 손을 높이 올려도 그림자는 똑같지?"

"네, 그래요."

"그래서 그림자를 재면 구름의 크기를 알 수 있단다. 내가 볼 때 저 구름의 크기는 이쪽 교회에서부터 저쪽 산기슭까지니까 지도를 펼쳐 놓고 지도에서 거리를 재면 그게 크기가 될 거야."

"아하, 알겠어요. 아빠! 우리 눈에 크게 보이는 구름도 그림자를 통해서 재면 얼마든

지 크기를 알 수 있겠네요."

"맞아. 그게 바로 과학의 원리란다."

그때 운전석에 앉아 있던 엄마가 큰 소리로 말했습니다.

"여보, 태민아! 이제 그만 가자고요."

다시 차를 타고 계곡을 내려가면서 태민이는 구름의 그림자들을 관찰했습니다. 하늘에 떠 있는 구름이 얼마나 클지 짐작해 보는 것도 재미있고, 새로운 지식을 하나씩 내 것으로 만드는 것 또한 얼마나 즐거운 일인지 알게 되었습니다.

2단계 고 박사님의 단어 노트

이야기에 담긴 단어 알기

1. **그림자**: 물체가 빛을 가려 그 물체의 뒤로 생기는 그늘.
2. **고도**: 평균 해수면을 0으로 하여 측정한 물체의 높이.
3. **크기**: 사물의 넓이, 부피, 양 등의 큰 정도.
4. **수증기**: 물의 기체 상태.
5. **냉각**: 식어서 차게 되거나 식혀서 차게 만드는 것.
6. **영하**: 섭씨온도계에서 눈금이 0℃ 이하의 온도.
7. **길이**: 한끝에서 다른 한끝까지의 거리.
8. **정비례**: 두 양이 서로 같은 비율로 늘거나 주는 것.
9. **표면**: 사물의 가장 바깥쪽. 혹은 가장 윗부분.
10. **평행**: 한 평면 위의 두 직선이나 두 평면이 서로 만나지 않는 것.

고 박사님의 멘토링

우리 인간이 가져야 할 정신 가운데 하나가 탐구 정신입니다. 모르는 것을 알고 싶어 하고 알기 위해 지혜를 동원해 관찰하고 연구하고 마침내 이치를 깨닫는 정신이지요. 이런 정신이 있었기에 인간은 동물들과 다른 길을 걷게 되었습니다. 주변 사물을 무심히 보아 넘기지 않고 세세히 살피고 관찰하는 것, 그리고 거기에서 원리를 발견해 세상을 좀 더 잘 이해하는 것, 그것이 탐구 정신이고 우리가 절대 놓쳐선 안 될 것입니다.

피라미드의 높이 계산

탈레스라는 수학자는 피라미드의 높이를 그림자의 길이로 쟀습니다. 방법은 막대를 수직으로 세워서 그림자의 길이와 막대의 길이가 같아지는 때에 피라미드 그림자의 길이를 잰 것입니다. 하지만 이런 아이디어가 탈레스 본인의 독창적인 아이디어는 아니었다고 합니다. 여러 지역을 돌아다니며 지식을 모은 결과 이런 지식들을 그리스로 돌아와 정리한 것이지요.

 **3단계
개념을 위한 논술 교실**

1 다음 단어를 넣어서 문장을 완성해 보세요.

그림자:

길이:

표면:

수증기:

영하:

2 수증기로 인해 생기는 우리 생활 주변의 현상을 세 가지만 적어 보세요.

1)

2)

3)

3 공을 떨어뜨리는 높이가 높을수록 튀어 오르는 높이도 높아집니다. 이걸 정비례라고 하는데 생활 속에서 발견할 수 있는 정비례 가운데 하나를 골라 설명하는 글을 써 보세요.

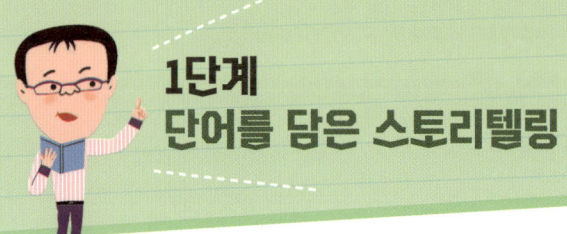 

**1단계
단어를 담은 스토리텔링**

안경 맞춘 날

"아빠, 눈이 잘 안 보여요."

오래 전부터 영식이는 아빠에게 말했습니다. 책이 자꾸 흐리게 보이고 먼 곳은 잘 보이지 않았기 때문입니다. 책을 볼 때 눈과의 거리가 점점 가까워지고 있었습니다.

"눈이 나빠지는 모양이다. 게임을 많이 해서인가 봐."

게임을 못하게 할까 봐 영식이는 고개를 절레절레 흔들었습니다.

"아, 아니에요. 책을 많이 읽어서예요."

"아닌 것 같은데?"

"게임 많이 안 한단 말이에요."

결국 날을 잡아 영식이는 아빠와 함께 가까운 안경점에 갔습니다. 눈 검사를 해 보니 영식이는 근시였습니다.

"근시라서 안경을 써야겠네요. 교실 칠판 같은 걸 잘 못 볼 겁니다."

안경사 아저씨의 말에 영식이가 물었습니다.

"아저씨, 근시가 뭐예요?"

"가까운 데는 잘 보이는데 먼 곳이 안 보이는 걸 근시라고 한단다."

"그러면 꼭 안경을 써야 하는 건가요?"

"그렇지. 대부분 안경을 쓰면 해결되거든."

영식이는 안경점에 오니 이것저것 궁금한 게 많았습니다.

"안경에 들어가는 렌즈는 어떤 종류인가요?"

"너는 **오목렌즈**를 써야 한단다."

"오목렌즈요?"

"응, 반대로 먼 데 있는 것은 잘 보이는데 가까운 데 있는 것을 잘 못 보면 **볼록렌즈**를 써야 해. 이걸 원시라고 한단다."

아저씨는 영식이가 쓸 안경을 만들면서 말해 주었습니다.

"그런데 아저씨, 왜 렌즈를 끼면 잘 보여요?"

아저씨가 이것저것 눈에 씌워 주는 렌즈를 통해 사물을 보자 멀리 있던 흐릿한 사물이 선명하게 보였습니다.

"응, 그건 빛의 **굴절** 때문이야. 렌즈가 빛의 방향을 꺾는 역할을 한단다."

아저씨의 설명은 점점 깊이 들어가서 렌즈의 역사까지 재미있게 설명해 주었습니다.

"렌즈를 **발명**하면서부터 과학이 급속도로 발전했단다. 밤하늘에서 못 보던 행성도 **발견**하게 되고 멀리 있는 **별**도 찾아서 볼 수 있게 되었지."

"저도 알아요. 그건 망원경 때문이지요?"

듣고 있던 아빠도 한 마디 거들었습니다.

"망원경의 **원리**가 오목렌즈와 볼록렌즈로 멀리 있는 사물이 보내 준 빛을 확대하거나 축소할 수 있지."

"현미경이 망원경의 반대지요?"

"응, 현미경은 같은 사물을 아주 크게 확대해 볼 수 있게 한 거야."

"와, 정말 신기해요."

"크게 신기할 건 없어. 우리가 사물을 본다는 건 모두 다 빛을 느낀다는 뜻이란다."

영식이는 딱딱한 렌즈를 통해 사물을 본다는 게 신기했습니다.

"빛은 **고체**도 통과하나 봐요?"

"좋은 질문이야. 대부분의 고체는 불투명하니까 통과가 안 되는데 유리 같은 투명한 물건은 통과하지."

"아, 그렇군요."

"**액체**와 **기체**도 어떨 때는 렌즈 역할을 한단다."

안경을 새로 맞춰 쓰니 사물이 밝고 훤하게 보였습니다. 안경점에서 돌아오는 영식이 눈에는 멋진 새 안경이 끼워져 있었습니다.

"눈이 더 나빠지지 않도록 게임 주의해라."

아빠의 당부에 영식이가 당차게 대답했습니다.

"네! 이제 책을 많이 읽을게요."

"하하, 책도 적당히 읽어야지. 너무 오래 읽으면 눈에 안 좋아."

"네, 저도 공부 많이 해서 망원경을 발견한 갈릴레오처럼 과학자가 될 거예요."

"그럼 게임은 안 한다는 거지?"

아빠의 미소에 영식이가 뒤통수를 긁으며 말했습니다.

"뭐 아주 안 하는 건 아니고요, 조금만요. 헤헤."

2단계
고 박사님의 단어 노트

 **이야기에 담긴 단어 알기**

1. **오목렌즈:** 가운데가 얇고 주변이 두꺼운 모양의 렌즈.
2. **볼록렌즈:** 가운데가 가장자리보다 두꺼운 모양의 렌즈.
3. **굴절:** 빛이 휘어서 꺾이는 현상.
4. **발명:** 새로운 기술이나 물건을 생각해 만들어 냄.
5. **발견:** 아직 알려지지 않은 사물이나 현상 등을 찾아냄.
6. **별:** 태양처럼 스스로 빛을 내는 천체.
7. **원리:** 사물의 근본이 되는 이치.
8. **고체:** 일정한 모양과 부피로 쉽게 바뀌지 않는 물질의 상태.
9. **액체:** 모양이 일정하지 않고 담는 곳에 따라 변하며, 힘을 가해도 부피가 줄어들지 않는 물질의 상태.
10. **기체:** 모양과 부피가 일정하지 않으며 흐르는 성질이 있고, 힘을 가하면 부피가 줄어드는 물질의 상태.

고 박사님의 멘토링

과유불급이라는 말이 있습니다. 지나치면 모자라는 것만 못하다는 말입니다. 공부나 운동, 게임 등 모두 문제가 되는 건 너무 지나치게 한다는 것입니다. 적당히 할 수 있는 것도 능력입니다. 책도 너무 많이 읽으면 눈이 나빠지고 건강을 해칩니다. 세종대왕 같은 경우가 대표적 예입니다. 모든 걸 고르게 할 수 있다면 우리는 오래오래 좋아하는 것을 즐길 수 있게 됩니다.

라식 수술에 대해 알아볼까요?

과거엔 눈이 나빠지면 안경만을 썼는데 요즘은 수술로 시력을 교정합니다. 라식 수술이라고 하는데 각막을 레이저로 깎아 내는 수술입니다. 개발된 지 20여년 밖에 되지 않아 아직 부작용이 확인되지 않았다고 주장하는 사람도 있지만 많은 사람들이 이 수술을 통해 안경의 불편함에서 벗어나고 있습니다.

3단계
개념을 위한 논술 교실

1 다음 단어를 넣어서 문장을 완성해 보세요.

오목렌즈:

발견:

발명:

별:

액체:

2 안경을 쓰면 불편한 점 세 가지를 찾아 이유를 적어 보세요.

1)

2)

3)

눈의 소중함에 대해 짧은 글을 써 보세요.

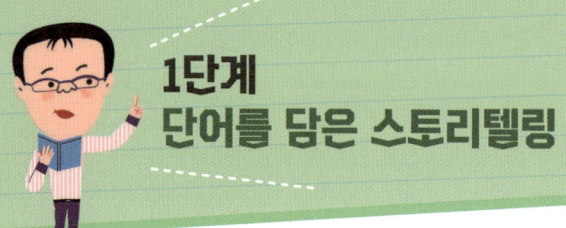

보물섬 탐사

바다는 잔잔했습니다. 오늘은 보물을 찾기 좋은 날이라고 합니다. 태양호 갑판에는 잠수부들과 보조자 그리고 각종 장비로 가득 차 있습니다.

"자, 여러분! 보물 탐사를 시작합시다. 바닷물의 **온도**도 아주 적당하고 좋습니다."

윤식이 아빠는 바닷물에 담갔다 꺼낸 온도계를 살펴보며 말했습니다.

"네, 다 준비되었습니다."

잠수부들은 모두 잠수복으로 갈아입었습니다. 방학이 되어 아빠의 작업하는 모습을 보러 온 윤식이는 옆에서 기도하는 마음으로 지켜보았습니다.

"아빠, 왜 이렇게 서두르는 거예요?"

"응, 내일이면 **태풍**이 온단다. 태풍이 오기 전에 오늘 많이 탐사해서

발굴해 놔야지."

이곳 남해안에서 아빠가 배를 타고 보물 탐사 작업을 한 것은 벌써 여러 달째입니다. 옛날에 당나라에서 통일 신라로 각종 그릇과 상품들을 실어 나르던 배가 침몰해 가라앉은 것을 얼마 전에 물고기를 잡던 어부가 우연히 발견했기 때문입니다. **펄** 속에 갇혀 있는 보물들을 발굴하는 일이 윤식이 아빠가 하는 일입니다.

"이렇게 넓은 바다에서 어떻게 보물의 위치를 찾아요?"

"이 지도에 **눈금**으로 표시되어 있단다."

아빠가 보여 주는 **해도**에는 보물들의 위치와 흩어져 있는 자리가 세세하게 표시되어 있었습니다.

"자, 작업 개시!"

우렁찬 아빠의 구령 소리에 잠수부들이 **산소**통을 메고 바닷속으로 풍덩풍덩 들어갔습니다. 그들이 모두 물속으로 들어가자 윤식이가 다시 물었습니다.

"아빠! 잠수부들이 삽이나 곡괭이로 보물을 파는 거예요?"
"하하, 그렇지 않아. 바닷속에서 **진공**으로 청소기처럼 진흙을 빨아들이면 보물만 남고 주변에 있는 것들이 다 제거되지. 그러면 그때 보물을 건져 올리는 거란다."
"아, 그렇군요."
"**암석** 사이에 낀 보물을 뾰족한 도구로 파낼 수는 없어. 이게 가장 좋은 방법이야. 모래와 진흙을 다 제거해 주니까."

"밤에는 누가 지켜요? 보물들이 잔뜩 있는데."

"밤에는 경찰 아저씨들과 문화재 관리청에서 지킨단다. 안 그래도 도굴꾼들이 훔쳐 가려는 걸 **적발**한 적도 있어."

"와, 정말 나쁜 사람들이에요. 보물은 나라의 것인데."

그날 하루 종일 잠수부들은 보물들을 찾아내 조심스럽게 배 위로 올렸습니다. 조심조심 올리는 각종 그릇들과 생활용품들이 수백 년 만에 모습을 드러냈습니다.

그걸 보자 윤식이는 기분이 묘했습니다. 저 그릇을 만든 사람은 간 곳이 없고, 이제 그릇만 남아 후대에 전해지고 있기 때문입니다.

"그릇이 왜 이렇게 지저분해요?"

그릇들은 모두 진흙투성이에 따개비 같은 것들이 다닥다닥 붙어 있었습니다.

"오래되어서 그런데, 이걸 다 처리하면 원래 모습을 되찾을 수 있단다."

윤식이는 비로소 안심할 수 있었습니다.

오후가 되자 바람이 강해지면서 배가 심하게 출렁이기 시작했습니다. 윤식이는 속까지 메슥거리는 걸 느꼈습니다.

"아빠, 멀미가 나요."

"그래, 이제 작업을 마쳐야겠다. 저 하늘 좀 봐."

하늘을 올려다보니 파랗던 하늘의 남쪽으로 구름이 몰려오는 것이 보였습니다.

"오늘은 여기까지 작업합니다. 모두 돌아갑시다. 태풍이 오고 있어요."

잠수부들이 하나둘 올라오고, 장비를 배 위로 걷어 올리자, 태양호가 육지를 향해 출발했습니다.

"아빠 따라왔구나?"

잠수부 아저씨가 젖은 머리를 바닷바람에 말리며 윤식이에게 말을 걸었습니다.

"네, 방학이라서요."

"아빠가 멋진 분이어서 좋겠다."

"헤헤."

윤식이도 정말 그렇다고 생각했습니다.

바닷바람을 맞으며 배의 속도가 올라갔습니다. 맞바람을 맞는 윤식이는 아빠가 오늘따라 더욱 존경스러워 보였습니다. 윤식이도 아빠처럼 우리나라 최고의 고고학자나 해양생물학자가 되겠다는 꿈을 다시 한번 다짐했습니다.

2단계
고 박사님의 단어 노트

 이야기에 담긴 단어 알기

1 **온도**: 물체의 차고 뜨거운 정도를 수치로 나타낸 것.
2 **태풍**: 폭풍우를 동반한 강한 열대 저기압.
3 **발굴**: 땅속이나 돌 더미 등에 묻혀 있는 것을 찾아서 파냄.
4 **펄**: 갯벌. 밀물 때는 물에 잠기고 썰물 때는 물 밖으로 드러나는 모래 점토질의 땅.
5 **눈금**: 자, 저울, 온도계 등에 표시하여 수나 양을 나타내는 금.
6 **해도**: 바다의 상태를 자세하게 적은 항해용 지도.
7 **산소**: 지구 표면에 가장 많이 있는 원소이며, 동물과 식물의 호흡에 필요한 기체.
8 **진공**: 물질이 전혀 없는 빈 공간.
9 **암석**: 자연 속 고체 알갱이들이 모여 단단하게 굳어진 덩어리.
10 **적발**: 숨겨져 있는 일이나 드러나지 않은 것을 들추어냄.

고 박사님의 멘토링

골동품이나 문화재를 보면 우리는 가장 먼저 가격부터 떠올립니다. 얼마나 비싼가에 따라 그 가치가 결정되는 것입니다. 하지만 생각해 보면 억만금을 줘도 한번 손상되거나 사라진 골동품은 만들 수가 없습니다. 그저 가격은 우리가 그 가치를 미루어 짐작하기 위해 붙이는 것일 뿐입니다. 이렇듯 이 세상에는 돈으로 살 수 없는 귀한 것들이 너무도 많이 있습니다.

신안 앞바다의 보물

1975년 5월 전라남도 신안군 증도면의 앞바다에서 한 어부의 그물에 옛날 도자기 몇 점이 올라왔습니다. 이것이 신안 앞바다 보물선 이야기의 시작입니다. 나중에 알고 보니 이것은 700여 년 전 원나라의 그릇이었습니다. 본격적인 탐사가 이루어지면서 1976년부터 1984년까지 대규모로 발굴해서 도자기 2만여 점과 금속 729점 등의 어마어마한 유물을 인양하게 되었던 것입니다.

3단계
개념을 위한 논술 교실

1 다음 단어를 넣어서 문장을 완성해 보세요.

산소:
_____

발굴:
_____

온도:
_____

눈금:
_____

태풍:
_____

2 바다에 숨겨진 보물이라면 어떤 것이 있을지 생각해 보고, 세 개만 적어 보세요.

1)
_____

2)
_____

3)
_____

3. 내가 보물선을 찾는다면 어디에서 어떤 것을 어떻게 찾을지 상상하는 글을 써 보세요.

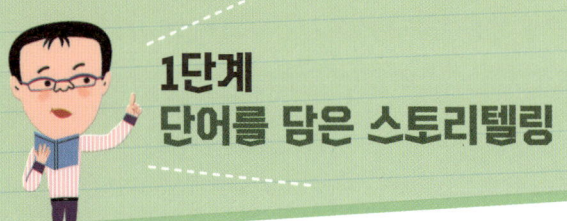

**1단계
단어를 담은 스토리텔링**

함께하는 봉사 활동

　민지와 영철이는 방학을 맞아 함께 봉사 활동을 하기로 했습니다. 가까운 복지관에 간 민지와 영철이가 용기를 내어 물었습니다.
　"안녕하세요? 봉사 활동을 하려고 왔는데요."
　"저희 둘이 봉사할 일 없을까요?"
　"아이고, 이렇게 착한 학생들이 있나! 이리 오렴."
　친절하게 생긴 선생님이 두 아이를 장애인 보호 작업 시설로 안내해 주었습니다. 그 안에는 많은 아저씨, 아주머니들이 쇼핑백에 끈을 꿰고 있었습니다.
　"여기엔 장애인 아저씨, 아주머니들이 작업을 하고 있어. 인사하렴."
　"안녕하세요?"
　두 아이가 인사하자 아저씨, 아주머니들이 반갑게 손을 흔들었습니다.

"안녕!"

"어서 와."

"봉사하러 왔구나."

민지와 영철이가 자리에 앉자 선생님이 친절히 설명해 주었습니다.

"지금부터 너희들이 할 일은 쇼핑백에 끈을 꿴 완성품을 **낱개**가 아닌 열 개씩 **묶음**으로 만드는 거야."

"열 개씩이요?"

너무 쉬운 일이어서 영철이가 되물었습니다.

"응, 이걸 잘 못하는 분도 계셔. 확인하고 꼭 세어서 열 개씩 묶음으로 만들어야 해."

"네, 할 수 있어요."

"당연히 너희들은 할 수 있지. 어떤 분들은 **덧셈**과 **뺄셈**을 못 하기도 해. 지적 장애가 있어서니까 너희들이 잘 계산해야 한단다."

민지가 주위를 살펴보곤 물었습니다.

"색깔 다른 쇼핑백은 어떻게 해요?"

"빨간 쇼핑백은 **짝수**로 열 개씩 맞춰서 묶고, 파란 쇼핑백은 **홀수**로 다섯 개씩 묶어야 해."

"조금 복잡하네요?"

"응, 일을 맡기신 분들이 원하는 대로 해 줘야 하거든."

봉사하러 오면 청소나 짐 나르는 일을 할 줄 알았는데 이렇게 앉아서 작업한 물건을 묶고 포장하는 일을 하게 되어서 두 아이는 약간 당황했습니다.

"별로 무겁지 않으니까 잘해 보렴."

"네!"

예상과는 달랐지만 두 아이는 열심히 했습니다. 묶음이 많아지자 영철이는 궁금해졌습니다.

"혹시 실수로 한두 개가 더 들어가거나 빠지면 어떻게 하나요?"

"걱정하지 마. 나중에 **무게**를 달아 본단다. 정밀하게 달면 한두 개 빠진 것도 알 수 있어."

"와, 무게로 아는군요."

"그리고 색깔별로 **분류**해 놓으면 이따가 택배 아저씨가 와서 다 실어 간단다."

그날 하루 종일 두 아이는 장애인 아저씨, 아주머니들과 함께 작업을 했습니다. 이런저런 이야기를 나누며 친해지기도 했습니다.

복지관 식당에서 점심을 먹고 오자 어느새 택배 아저씨가 와서 작업해 놓은 걸 가지고 갔습니다. 새롭게 작업해야 할 물건들이 다시 책상에 잔뜩 **배열**되었습니다.

"와! 일을 하니까 정말 좋아."

"맞아, 골치 아픈 생각이 다 없어져."

"오늘 봉사하러 오길 참 잘한 것 같아."

"그래. 아저씨, 아주머니들과도 친해지고……."

그때 한 장애인 아저씨가 말했습니다.

"얘들아, 이거 먹어."

아저씨가 주는 건 초콜릿이었습니다.

"감사합니다. 잘 먹겠습니다."

인사를 하고 초콜릿을 입에 넣었습니다. 초콜릿이 달콤하게 녹는 기분은 장애인과 비장애인이 함께 어우러져 사는 행복한 세상의 맛인 것만 같았습니다.

2단계
고 박사님의 단어 노트

 **이야기에 담긴 단어 알기**

1. **낱개:** 여럿 가운데 각각 떨어진 한 개 한 개.
2. **묶음:** 한데 모아 묶어 놓은 덩이.
3. **덧셈:** 몇 개의 수나 식 등을 합하여 계산함.
4. **뺄셈:** 몇 개의 수나 식 등을 빼서 계산함.
5. **짝수:** 2로 나누어 나머지가 0이 되는 수. 2, 4, 6, 8, 10 등의 수를 이름.
6. **홀수:** 2로 나누어 나머지 1이 남는 수. 1, 3, 5, 7, 9 등의 수를 이름.
7. **예상:** 어떤 일을 직접 당하기 전에 미리 생각함.
8. **무게:** 물체의 무거운 정도.
9. **분류:** 종류에 따라 가름.
10. **배열:** 일정한 차례 또는 간격에 따라 벌여 놓음.

 **고 박사님의 멘토링**

장애인은 가끔 어려움에 빠지거나 하는 일이 힘에 부칠 때가 있습니다. 그럴 때는 무턱대고 도와줘선 안 됩니다. 돕는 방법이 있기 때문입니다. 먼저 장애인에게 도움이 필요한가 물어봐야 합니다. 도움이 필요하다고 하면 어떤 도움을 어떻게 주면 될지를 물어봐야 합니다. 그리고 딱 그들이 원하는 만큼만 도와주면 됩니다. 만일 거절을 당하더라도 당황하지 말고 자신의 볼일을 보면 됩니다. 장애인들이 원하지 않는 친절이나 서비스는 장애인을 위한 것이 아니기 때문입니다.

 **스핑크스의 퀴즈**

우리에게 잘 알려진 스핑크스의 퀴즈는 아침에 네 발, 점심에 두 발, 저녁에 세 발인 게 무엇이냐는 퀴즈입니다. 정답은 사람입니다. 아침엔 기어 다니고, 점심엔 걸어 다니고, 저녁엔 지팡이를 짚는다는 뜻입니다. 이건 다시 말하면 인간은 누구나 건강하게 이 세상에 왔다가 죽을 땐 장애인이 된다는 겁니다. 한 마디로 장애는 남의 문제가 아니라 나의 문제이고 인간 전체의 문제라는 걸 알게 해주는 멋진 우화입니다.

3단계
개념을 위한 논술 교실

1 다음 단어를 넣어서 문장을 완성해 보세요.

낱개:

홀수:

뺄셈:

배열:

무게:

2 장애인이 할 수 있는 다양한 직업의 종류 중에서 세 가지만 적어 보세요.

1)

2)

3)

3 직업의 소중함에 대해 생각해 보고, 글로 써 보세요.

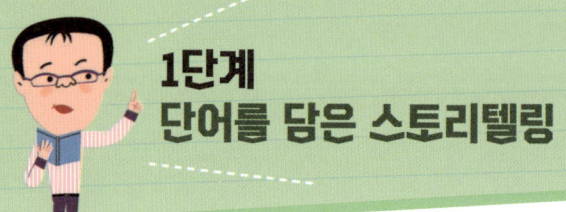

뽀삐를 찾습니다!

삼촌이 오랜만에 민지네 집을 찾았습니다.
"민지야 안녕?"
시무룩하게 자기 방에 틀어박혀 있는 민지를 보고 삼촌이 물었습니다.
"민지야! 무슨 일 있어?"
민지는 삼촌 얼굴을 보더니 울음을 터뜨렸습니다.
"으앙!"
"왜 울어?"
자초지종을 들어보니 민지가 기르던 뽀삐가 집을 나간 지 일주일이 넘었다는 것입니다.
"포스터도 붙이고 인터넷에 **영상**도 올리며 뽀삐를 찾았는데 아무 연락이 없어요!"

"그랬구나. 가축병원이나 경찰서에 신고했어?"

"네, 그런데 어디에도 뽀삐를 데려간 사람이 없어요. 동네에서도 우리 뽀삐를 다 알거든요."

"이상하다. **애완동물**이 집에서 멀리 가는 법이 없는데?"

삼촌은 잠깐 생각하더니 말했습니다.

"좋아, 그러면 우리 같이 뽀삐를 찾는 개 탐정이 되어 볼까?"

"개 탐정이요?"

"그래, 지금까지 가축병원이나 경찰서에 신고한 것과 다르게 **발상**을 바꿔 보는 거야."

"어떻게요?"

"그곳에서 발견되지 않았다는 것은 다른 곳에 있다는 뜻이야."

민지는 삼촌과 함께 동네를 나가 보았습니다.

"이곳에는 **축산**을 하는 집들이 많구나."

민지네 집은 전원주택이어서 부근에 소를 기르거나 닭을 치는 집들이 많았습니다.

"산속에서 가끔 **야생동물**이 내려오지?"

"맞아요. 멧돼지도 온대요."

"응, 그렇다면 애완동물이 산속으로 가서 그 동물들과 어울렸을 수도 있어."

"정말이요?"

"응, 들개들도 가끔 보이니?"

"네, 개들끼리 산속에서 몰려다녔어요."

"개들의 **서식지**를 찾아가 보자. 그 녀석들은 아마 동굴이나 큰 바위 밑에 살고 있을 거야."

"우리 뽀삐가 그 개들과 어울린다고요?"

"그럴지도 모르지."

민지는 삼촌과 뒷산으로 올라갔습니다. 삼촌은 개 소리를 냈습니다.

"왈왈!"

그러자 여기저기서 개들이 짖는 소리가 들렸습니다.

"그래, 저쪽이야."

"삼촌, 정말 우리 뽀삐가 산에 올라왔을까요?"

"그럴 수도 있어. 산속에는 또 다른 야생동물들의 **생태계**가 있으니까. 뽀삐가 거기에 들어간 것일 수 있다는 거지."

"아, 신기해요."

그때였습니다. 저만치에서 귀에 익은 강아지 소리가 들렸습니다.

"뽀삐야! 뽀삐야!"

그 순간 털에 때가 끼어 회색이 된 뽀삐가 나타났습니다. 꼬리를 마구 흔들며 민지에게 다가오더니 발랑 누워서 어쩔 줄 몰라 했습니다.

"뽀삐야!"

민지는 뽀삐를 끌어안았습니다.

"삼촌, 많이 더러워졌지만 우리 뽀삐 맞아요."

"잘됐다. 어서 병원으로 데리고 가자."

"왜요?"

"야생에 사는 다른 애들과 함께 있었기 때문에 몸 안에 **기생**하는 벌레가 있을 수도 있어. **뼈**와 **근육**도 다친 데가 없는지 검사해 봐야 해."

삼촌과 민지는 뽀삐를 데리고 함께 가축병원에 갔습니다. 수의사 선생님이 뽀삐를 자세히 진찰했습니다.

"뽀삐는 아주 건강해요. 혹시 몰라서 기생충 약을 먹였고, 뼈와 근육에도 이상이 없어요. 이대로 데려가면 됩니다."

"고맙습니다."

집에 돌아오는 길에 민지는 삼촌에게 엄지손가락을 치켜세우며 말했습니다.

"삼촌은 정말 우리나라 최고의 개 탐정이에요!"

"하하! 정말 고맙다! 삼촌 새로운 직업이 생겼네."

삼촌도 크게 웃었습니다.

2단계
고 박사님의 단어 노트

이야기에 담긴 단어 알기

1. **영상:** 브라운관, 모니터 등에 비추어진 상.
2. **애완동물:** 가까이 두고 귀여워하며 기르고 보살피는 동물.
3. **발상:** 어떤 생각을 해 냄.
4. **축산:** 소, 돼지, 닭 등 가축을 길러 생활에 유용한 물질을 생산하는 일.
5. **야생동물:** 산과 들에 저절로 나서 자라는 동물.
6. **서식지:** 땅 위, 땅속, 강, 바다 등 어떤 특정 생물이 살아가는 지역.
7. **생태계:** 생물이 살아가는 세계.
8. **기생:** 한 생물이 다른 생물의 영양분을 빼앗으며 살아가는 관계.
9. **뼈:** 몸을 지탱하고 몸속의 내부 기관을 보호하는 역할을 하는 단단한 물질.
10. **근육:** 몸속에서 뼈를 보호하고 몸이 움직일 수 있도록 해 주는 살의 조직.

 **고 박사님의 멘토링**

애완동물은 생명을 갖고 있습니다. 대부분 성장 과정이 사람보다 짧아 삶에 대해 공부하고 알 수 있기에 어린이들의 교육과 정서에도 무척 좋습니다. 문제는 그런 애완동물을 돈 주고 사서 키우다 버리는 것입니다. 생명은 돈으로 바꿀 수 없는 것입니다. 애완동물에 대한 생각이 구매나 상품이 아니라 하나의 생명체로 인정하고, 가족이라는 생각으로 바뀌어야 올바른 애완 문화가 자리 잡을 수 있습니다.

 **노즈 워크란 무엇일까요?**

개들은 사람보다 냄새 맡는 능력이 10만 배 이상이라고 합니다. 그렇기 때문에 어딜 가나 냄새 맡는 것이 본능입니다. 개들은 이런 노즈 워크를 통해 냄새로 정보도 수집하고 행복감과 안정감을 느낀다고 합니다. 노즈 워크는 개들의 사회 활동에 아주 중요한 행동인 것입니다. 특히 경찰견의 경우 후각을 이용해 용의자를 추적하여 검거하기도 하고, 범죄의 증거 수집 및 물에 빠진 사고자 등에 대한 인명 구조를 하기도 합니다.

3단계
개념을 위한 논술 교실

1 다음 단어를 넣어서 문장을 완성해 보세요.

애완동물: _____

생태계: _____

기생: _____

뼈: _____

근육: _____

2 내가 가장 기르고픈 애완동물을 생각해 보고, 세 종류만 써 보세요.

1) _____

2) _____

3) _____

애완동물을 키우는 사람에게 가장 중요한 마음가짐은 무엇일지 글로 써 보세요.

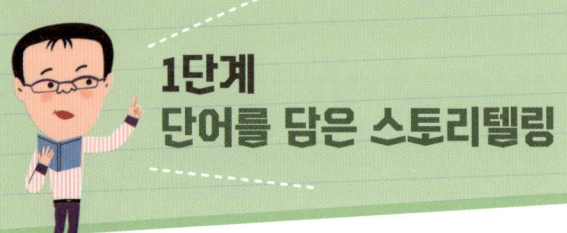

1단계
단어를 담은 스토리텔링

수학은 너무 싫어!

철민이가 축구를 마치고 집에 돌아오니 형과 형 친구가 거실에 앉아 차를 마시고 있었습니다.

"철민이 왔구나."

"응, 형."

형이 낮에 집에 있는 것은 보기 드문 일입니다. 대학생인 형은 대부분 늦게 들어오기 때문입니다.

"어쩐 일로 낮에 집에 있어?"

"내 친구 소개해 주려고."

옆에 있던 형 친구가 웃으며 말했습니다.

"네가 철민이구나."

"안녕하세요?"

철민이가 어색하게 인사를 하자 형이 말했습니다.

"엄마가 네가 **수학**을 너무 싫어한다고 걱정하기에 수학과 다니는 친구를 데려왔지."

"수학과?"

"응, 난 수학을 전공해."

그 골치 아픈 수학을 공부하다니 상상도 할 수 없는 일이었습니다. 형 친구는 미소 띤 얼굴로 말했습니다.

"너 지금 내가 골치 아픈 수학 공부한다고 이상하다고 생각하지? 하지만 난 괴물이 아니야."

"어, 어떻게 알았어요?"

깜짝 놀라 철민이는 당황했습니다.

"수학은 어려운 게 아니거든. 수학에 대해서 궁금한 게 있으면 물어봐."

"나는 수학의 수만 들어도 지겨워요."

"하하! 그러면 내가 물어볼게. 123 같은 **수**는 왜 있을까?"

"글쎄요?"

"자연에 있는 숫자잖아. 하나 둘 셋 이런 것들. 물건을 세려면 숫자가 필요하지. 이런 걸 우리는 **자연수**라고 해. 무한대까지 이어질 수 있지."

"아, 그걸 자연수라고 하는군요?"

"그렇지. 수는 어려운 게 아니야 우리가 편리하려고 만든 거란다. **서수**와 **기수**도 있지. 서는 차례를 말하는 거지. 서라는 건 한자를 알아야 되는데 차례를 말해 주는 수가 서수야. 첫 번째 두 번째 이런 거지. 기

수는 1, 2, 3,으로 숫자를 이해하는 거야."

"그건 좀 알 것 같아요. **분수**는요?"

"분수도 아주 쉬워. 너희 집 식구는 모두 몇 명이니?"

"엄마, 아빠, 저와 형 모두 네 명이요."

"너는 전체 네 명 가운데 얼마큼의 자리를 차지하는 사람이야?"

"네? 최소한 4분의 1은 되겠지요."

"그래. 그런 걸 분수라고 해. 너의 식구 네 명이 **분모**면 그중 하나인 너는 **분자**지."

"그 정도는 알아요."

"그런데 분자가 분모보다 클 수는 없는데 더 큰 경우도 있단다. 그걸 우리는 가분수라고 하고 크지 않은 걸 **진분수**라고 해. 4분의 5 이런 건 가분수고, 4분의 1은 진부수인 거지."

"이해가 되네요."

"너랑 네 형을 합하면 4분의 2잖아. 간단하게 만들면 뭐가 되지?"

"2분의 1이요?"

"그렇지. 반이니까 그렇게 줄일 수 있는 걸 **약분**이라고 해. 자, 분수에 대해서 벌써 다 알게 되었지?"

"와, 정말 신기해요. 머리에 쏙쏙 들어와요."

이때 과일을 내오던 엄마가 웃으며 말했습니다.

"어머, 역시 수학과 다니는 학생은 다르네."

형 친구는 별것 아니라는 듯 멋쩍은 웃음을 짓고 말했습니다.

"수학이 어려운 이유는요, 원리가 어려운 게 아니라 원리를 모르는 상태에서 자꾸 그다음 단계로 나아가기 때문이에요. 철민이는 오늘 기초를 익혔으니까 처음부터 다시 수학을 익히면 재미있어질 거예요. 수학은 기초가 중요하거든요."

철민이는 몰랐던 것을 알게 되자 정말 수학을 기초부터 다시 공부해 보고 싶다는 생각이 들었습니다.

2단계
고 박사님의 단어 노트

 **이야기에 담긴 단어 알기**

1. **수학:** 물건을 헤아리거나 측정하는 것에서 시작되는 수와 양에 관한 학문.
2. **수:** 사물을 세거나 헤아린 양, 크기나 순서를 나타냄.
3. **자연수:** 0보다 큰 정수. 1부터 시작해 1씩 커지는 수를 말함.
4. **서수:** 첫째, 둘째, 셋째처럼 순서를 매길 때 사용하는 수.
5. **기수:** 하나, 둘, 셋처럼 집합의 크기를 나타내는 수.
6. **분수:** 분모와 분자로 구성되며, 전체에 대한 부분을 나타내는 수.
7. **분모:** 분수에서 가로선 아래에 있는 수이며, 전체를 똑같이 나눈 수.
8. **분자:** 분수에서 가로선 위에 있는 수이며, 전체를 똑같이 나눈 수 중의 일부분.
9. **진분수:** 분자가 분모보다 작은 분수.
10. **약분:** 분모와 분자를 그들의 공약수로 나누어 간단한 분수로 바꾸는 것.

 **고 박사님의 멘토링**

수학은 왜 공부할까요? 그 이유는 바로 수학이 모든 학문의 기초이기 때문입니다. 의학, 과학, 공학은 물론이고 철학이나 인문학의 근본도 수학에서 출발합니다. 과거의 수학자들이 대개 과학자이자, 철학자인 이유도 거기에 있습니다. 뿐만 아니라 수학을 잘하면 논리적이고 합리적이며 과학적인 생각을 할 수 있습니다. 수학은 복잡하고 어려운 학문인 것 같지만 관심을 갖고 공부해 보면 재미있고 흥미로운 부분이 많이 있습니다.

 **맨홀이 둥근 이유는 무엇일까요?**

길을 가다 보면 보이는 맨홀은 대부분 둥근 모양입니다. 그 이유는 무엇일까요? 바로 원형이 가장 면적이 크기 때문입니다. 파이프나 빗물 홈통이 원형인 이유도 그것입니다. 원형으로 만들면 면적이 가장 커져서 그곳을 지나는 액체나 기체가 가장 많이 통과할 수 있습니다. 이런 모든 원리도 수학으로 계산해 낼 수 있습니다.

3단계
개념을 위한 논술 교실

1 다음 단어를 넣어서 문장을 완성해 보세요.

자연수:

분수:

분모:

수:

수학:

2 수학이 어렵거나 쉽다고 느껴지는 이유를 세 가지만 써 보세요.

1)

2)

3)

3 어떤 과목이든 원리를 알고 기초부터 차근차근 공부하면 모두 재미있는 과목이 될 수 있습니다. 내가 가장 좋아하는 과목은 무엇인지 생각해 보고, 그 이유와 나만의 공부법을 글로 써 보세요.

**1단계
단어를 담은 스토리텔링**

겨울이 추운 이유

쌩쌩 바람이 부는 추운 날씨입니다. 외출했다 집에 돌아온 은석이가 재빨리 안방 아랫목 이불 밑에 손을 집어넣었습니다.

"아, 따뜻해! 따뜻해!"

따뜻한 **온기**에 은석이의 표정이 편안해졌습니다.

"밖이 그렇게 추워?"

뜨개질을 하고 있던 엄마가 미소를 띠고 물었습니다.

"네, 얼어 죽는 줄 알았어요. 이번 겨울은 왜 이렇게 추운 거예요?"

"그래, **이상 기후**가 왔다고 얘기하더구나."

"왜 지구의 날씨가 갈수록 이상해지는지 모르겠어요."

"글쎄, 우리 아들이 이 기회에 조사 좀 해 보는 게 어때? 정보는 인터넷에도 많이 있잖아."

"참, 그렇지."

학교 선생님은 항상 자기 주도 학습을 하라고 하셨습니다. 스스로 알아서 궁금한 걸 찾고 공부하라는 것이지요.

"엄마, 자료 찾은 다음에 게임 좀 해도 되요?"

"그래, 게임으로 스트레스를 푸는 건 좋아. 오래 하지는 말고."

"네!"

신이 난 은석이는 컴퓨터를 켜 자료를 찾기 시작했습니다.

제일 먼저 기후 변화를 쳤습니다. 그랬더니 놀랍게도 **온실효과**라는 것이 나왔습니다. 지구가 태양으로부터 받은 열은 받은 만큼 돌려줘야 하는데 사람들이 배출한 **온실가스**들이 그 기체를 잡아 가두는 바람에 지구가 온실처럼 변해서 따뜻해진다는 것입니다.

"와, 그런데 이상하네. 그러면 날씨가 따뜻해야지 왜 추운 걸까?"

좀 더 찾아보니 태양에서 뜨거운 열기들이 바닷물을 데우면 **수면**이 따뜻해지면서 엘니뇨 현상이 일어난다고 했습니다. 바닷물이 **과열**되어 생기는 현상입니다. 이러한 엘니뇨 현상은 기후의 변화를 주기 때문에 이상한 기후가 지구를 덮친다고 했습니다. 삼한사온이 사라진 지는 오래되었습니다. 더워진 지구를 식히려고 겨울이면 차가운 냉기가 **지면**을 덮으며 남쪽으로 내려오기 때문에 춥다는 것입니다.

"와! 추워지면 반드시 더워지고, 더워지면 반드시 추워지는 거구나!"

걱정할 것은 **빙하**들이 녹아 해수면이 상승하는 것입니다. 그렇게 되면 낮은 지역에 있는 나라들은 물에 가라앉는다는 무서운 사실도 알게 되었

습니다.

　그때 엄마가 음료수를 갖고 왔습니다.

"공부 잘하고 있니?"

"네, 엄마. 왜 날씨가 추워지는지 알겠어요."

"요즘 **지진**이 자주 일어나는 것도 그 때문일까?"

"글쎄요. 찾아볼게요."

　아무리 검색해도 지진과 날씨 변화는 상관이 없습니다. 다만 **화산**이 많이 폭발하면 대기 중에 먼지가 많이 쌓이고 태양빛을 차단해서 오히려 빙하기가 올 수도 있다는 말을 들었습니다.

"와, 엄마! 기후는 정말 무서운 거예요. 태양, 바다, 날씨, 공기까지 모두 다 조화를 이루어야 하는 것 같아요."

"그러니까 환경을 잘 보존해야 돼. 환경이 망가지면 인간도 살 수 없어."

"정말 재활용을 하고 환경 보호를 위해서 노력해야겠어요."

　은석이는 게임하는 것도 잊어버린 채 환경과 지구에 대해서 계속 검색을 하며 지식을 쌓아 갔습니다. 추운 날씨 덕에 살아 있는 공부를 많이 한 것입니다.

2단계
고 박사님의 단어 노트

이야기에 담긴 단어 알기

1. **온기**: 따뜻한 기운.
2. **이상 기후**: 기온이나 강수량 등이 정상적인 상태를 벗어난 상태.
3. **온실효과**: 지구 표면에서 나오는 복사 에너지가 대기에 남아 기온이 올라가는 현상.
4. **온실가스**: 지구 대기를 오염시켜 온실 효과를 일으키는 가스를 통틀어 이르는 말.
5. **수면**: 물의 겉면.
6. **과열**: 지나치게 뜨거워짐.
7. **지면**: 땅바닥.
8. **빙하**: 눈이 오랫동안 쌓여 다져져 육지의 일부를 덮고 있는 얼음층.
9. **지진**: 지층이 지구 내부에서 생기는 힘을 받아 끊어지면서 땅이 흔들리는 현상.
10. **화산**: 땅속에 있는 마그마가 분출하며 만들어진 산.

고 박사님의 멘토링

바퀴가 한 바퀴 구르면 자동차는 그만치 전진합니다. 이렇듯 원인이 있으면 반드시 결과가 생기는 것을 어려운 말로 기계론이라고 합니다. 지구 환경도 이런 기계론에 따라 계속 나빠지고 있다고 볼 수 있습니다. 원인이 없는 결과는 없기 때문입니다. 점점 나빠지는 지구의 환경 변화들을 진지하게 생각해 보고, 내가 할 수 있는 작은 일부터 실천에 옮기는 것이 중요합니다.

공룡의 멸종 원인은 무엇일까요?

몇 십 년 전만 해도 공룡의 멸종 원인을 알지 못했습니다. 사람들은 여러 가지 이유들을 생각하며 짐작만 할 뿐이었습니다. 예를 들면, 포유류가 알을 깨서 다 먹었다, 전염병이 돌았다, 빙하기가 왔다 등의 이유입니다. 그런데 최근에 공룡들이 멸종한 건 멕시코 부근에 큰 운석이 떨어졌고, 그로 인해 빙하기가 오면서라는 사실이 확인되었습니다. 점점 환경의 심각한 변화가 계속된다면 지구에 사는 인간들도 언젠가 멸종할 것입니다. 인류의 지속을 위해서는 환경 보전이 반드시 필요합니다.

3단계
개념을 위한 논술 교실

1 다음 단어를 넣어서 문장을 완성해 보세요.

온기:

빙하:

과열:

지진:

화산:

2 지진이 발생하면 주의할 점, 세 가지를 적어 보세요.

1)

2)

3)

3 만일 겨울이 영하 40~50도로 추워진다면 어떤 일들이 벌어질지 상상해서 글을 써 보세요.

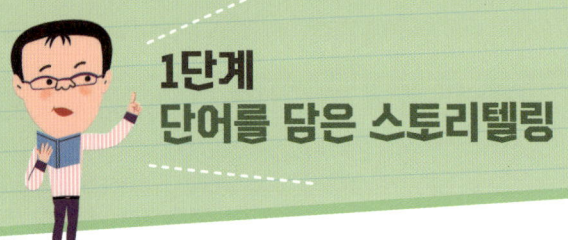

1단계
단어를 담은 스토리텔링

물로 야채 기르기

과학자가 되고 싶은 철민이는 과학부 장관님이 주최하는 과학 실험 콘테스트에 응모하기로 했습니다. 평소 **식물**에 관심이 많은 철민이는 수경 재배를 해 보기로 했습니다. 친구 우택이가 함께 도와주기로 했습니다. 동생 수민이도 쪼르르 따라 들어왔습니다.

"오빠, 수경 재배가 뭐야?"

"수경 재배는 **씨앗**을 흙에 심어서 크게 키우는 게 아니고, 물에서 키우는 거야."

"물? 그게 실화냐?"

우택이도 그 말이 믿어지지 않았습니다.

"응, 흙에 심어서 농사짓는 게 오래된 방법이지. 수만 년 동안 지구의 표면인 **지층**에서 농사짓는 것은 전통적인 방법이었어. 하지만 과학자들이 연구해 보니까 식물에게 필요한 건 사실 흙이 아니라 흙이 품고 있는 수분과 각종 영양소라는 걸 알게 되었어."

"그래서?"

"그런 영양소를 고르게 갖춘 물에서 씨앗을 키우는 거야."

"와, 신기하다."

철민이는 크놉 **용액**에 대해 설명해 주었습니다.

"사실 이건 중학교에서 배우는 거야. 식물이 자라는 데 필요한 필수 원소가 열 가지래."

과학자인 크놉은 식물의 성장에 필요한 10가지 요소를 발견했습니다. 철, 인, 탄소, 산소, 수소, 황, 칼륨, 칼슘, 질소, 마그네슘이 그것입니다. 하지만 지금은 좀 더 기술이 발전해 망간, 몰리브덴, 니켈, 구리, 아연, 철, 염소, 붕소도 필요하다는 것이 알려졌습니다.

"그럼 열 가지만 가지고 잘 자란 이유는 뭐지?"

우택이의 질문에 철민이가 방긋 웃더니 대답했습니다.

"크놉액이 만들어질 때 그 재료들이 완전히 순수한 게 아니었대."

"불순물이 섞였다고?"

"응, 불순물의 형태로 다른 원소가 포함되었대. 식물이 잘 자라려면 사실 다른 원소도 필요하대. 아주 조금만 필요하니까 불순물만 있어도 된 거지."

"아하! 그렇구나."

철민이는 양을 재면서 물 1리터에 각종 성분을 조금씩 넣고 흔들었습

니다. 마치 과학자가 실험을 하는 것 같았습니다.

"우리 할아버지 댁에 갔더니 비료가 무슨 설탕 알갱이 같았어."

"맞아. 그 고체도 물에 녹아서 식물에게 영양분을 주는 거야."

"정말?"

"기체인 공기에서도 영양분이 주어져."

"와, 정말 신기하다."

"응, 잎사귀의 구멍으로 탄소를 흡수하기도 하고, 콩과의 식물은 공기 중의 질소를 가지고 스스로 비료를 만들어. 뿌리혹박테리아가 그런 역할을 해 주지."

"와! 진짜 대단하다."

용액을 완성하자 두 아이는 큰 접시에 솜을 깔고 부었습니다. 솜이 적당히 젖자 철민이는 상추 씨앗을 뿌렸습니다.

"과연 잘 될까?"

"**관찰**해 보면 알겠지."

"왠지 겁이 나."

"아마 잘 자랄 거야."

"이렇게 네 방에 계속 둬둘 거야?"

"**태양계**에 있는 모든 생명은 태양빛을 받아서 성장하는 거거든. 나중에 싹이 나면 햇빛을 쐬게 해 주면 돼. 수경 재배한 상추의 **한살이**를 관찰해서 보고서를 만들 거야."

"그럼 이렇게 씨앗을 싹틔워 **모종**도 쉽게 만들겠어."

"맞아. 한 **포기**씩 나눠 심으면 그게 모종이 되지."

"식물이건 사람이면 성장에는 적당한 **조건**이 필요하군!"

"맞아!"

우택이는 괜히 가슴이 설레었습니다.

"어쩌면 우리가 일등 할지도 몰라. 와! 일등 상품 정말 기대된다."

1등 상품은 해외 과학 시설 견학이었습니다. 우택이와 철민이는 해외로 견학을 가는 그날까지 자신들이 만들어 놓은 용액에서 상추가 잘 자라기를 바라며 용액이 담긴 접시를 살포시 창가에 놓아두었습니다.

2단계
고 박사님의 단어 노트

이야기에 담긴 단어 알기

1. **식물**: 광합성을 통해 스스로 양분을 생산하며, 옮겨 다니지 않고 자라는 생물.
2. **씨앗**: 곡식이나 채소 등의 씨.
3. **지층**: 진흙, 모래, 자갈, 등이 여러 겹의 층으로 쌓여 있는 것.
4. **용액**: 두 가지 이상의 물질이 섞여 있는 혼합물.
5. **관찰**: 사물이나 현상을 주의해 자세히 살펴봄.
6. **태양계**: 태양의 영향이 미치는 공간과 그 공간에 있는 천체를 통틀어 나타내는 말.
7. **한살이**: 생물이 태어나 죽을 때까지 살아가는 모습.
8. **모종**: 옮겨 심으려고 가꾼, 벼 이외의 어린 식물.
9. **포기**: 뿌리를 단위로 한 초목의 낱개.
10. **조건**: 어떤 일을 이루게 하거나 이루지 못하게 하기 위해 갖추어야 할 상태나 요소.

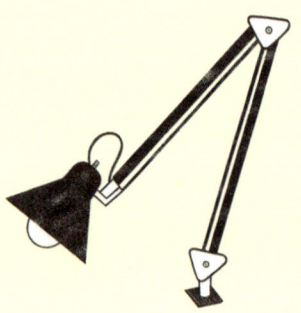

 **고 박사님의 멘토링**

생명체는 성장에 반드시 필요한 영양소를 잘 섭취해야 합니다. 이건 어린이들의 성장도 마찬가지입니다. 음식을 골고루 먹고 편식하지 않는 건 바로 식물이 비료를 잘 흡수해서 풍성한 열매를 맺는 것과 같은 이치입니다. 적당히 운동하고 가리지 않고 음식을 잘 먹는 것이 사춘기 성장에 큰 도움이 됩니다. 사람이 좋은 환경 속에서 몸과 마음이 건강해지는 것처럼 자연의 모든 생물도 환경의 영향을 받으며 자라납니다.

 **주기율표에 대해 알아볼까요?**

이 세상의 만물은 특정한 원소들로 만들어집니다. 이런 원소들은 각각의 특징이 있습니다. 이런 원소들의 번호와 화학적 성질에 따라 한눈에 볼 수 있게 배열한 표를 주기율표라고 합니다. 원소를 일정한 주기에 따라 배열해서 원소들 간의 비슷한 성질과 규칙을 찾아내고, 이를 통해 아직 발견하지 못한 원소의 성질도 추정할 수 있게 만든 것입니다. 주기율표를 보며 원소의 다양한 성질과 특성을 한눈에 살펴볼 수 있습니다.

3단계
개념을 위한 논술 교실

1 다음 단어를 넣어서 문장을 완성해 보세요.

씨앗:

관찰:

태양계:

식물:

한살이:

2 우리 생활과 밀접한 원소 세 개를 써 보고, 그에 대한 간단한 설명을 적어 보세요.

1)

2)

3)

3 만약 이 세상에 철이 없다면 어떤 일이 벌어질지 생각해 글로 써 보세요.

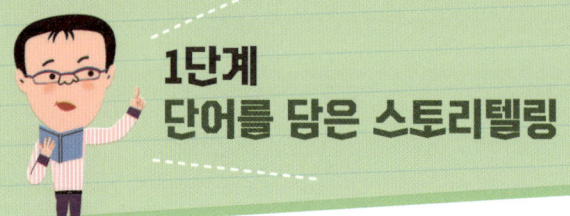

삼촌은 화석 수집광

 상현이 삼촌은 **화석** 수집가입니다. 집에 가 보면 다양한 화석들이 방 안 가득 전시되어 있습니다. 상현이 친구 우석이는 그런 화석들을 볼 때마다 정말 신기합니다. 아주아주 오랜 옛날에 **생물**들이 돌에 **흔적**을 남기고 지금까지도 남아 있다는 것이 놀라웠기 때문입니다. 놀러 올 때마다 유심히 화석을 들여다보는 우석이에게 삼촌이 물었습니다.
"우석이가 화석에 관심이 많구나."
"네, 이렇게 귀여운 화석들을 보면 같이 놀고 싶어요."
"어떻게 놀아?"
"타임머신을 타고 가서요."
"하하하! 옛날 동물들과 함께 놀고 싶은 거지?"
"네, 맞아요. 이 귀여운 화석의 동물들이랑 놀고 싶어요."

"하지만 화석은 이렇게 작은 것만 있지는 않아."
"그래요?"
"엄청나게 큰 것도 있지. 공룡의 화석이라든가 나무가 통째로 화석이 된 것도 있어."
"와! 대단하네요."

삼촌은 화석에 대한 책과 자료를 보여 주며 공부를 시켜 주었습니다.
"어떤 화석은 **부피**가 장난 아니지. 이런 작은 화석도 **저울**에 무게를 달아 보면 돌덩이기 때문에 꽤나 무겁단다."
"어떻게 이걸 다 수집하셨어요?"
"내가 찾아낸 것도 있고, 돈 주고 산 것도 있지."
"와, 정말 신기해요. 제주도 같은 곳에 가도 있나요?"

"아하, 제주도는 화산 폭발로 생긴 섬이어서 **화성암**들이 많단다. 화성암에는 화석이 있을 수 없어. 너무 뜨겁기 때문에 생물이나 동물이 다 타서 사라지거든."

"아, 타서 죽기 때문이군요."

"응, **퇴적암**이 있는 곳에서 화석을 발견하기가 쉬워. 석탄 같은 것이 퇴적암이니까 탄광지대 같은 곳에서 화석이 많이 발견된단다."

"와! 신기해요."

"동물이 죽으면 썩잖아요?"

옆에 있던 상현이가 불쑥 물었습니다.

"그래, 하지만 순간적으로 **화산재** 같은 것이 덮혀서 썩지 않고 공기와 차단되어 오랫동안 압력을 받으면 모양이 변하지 않으면서 화석이 되지. 나뭇잎 같은 화석을 보면 잎사귀가 **대칭**으로 잘라져 있는 게 보이지? 그대로 공기가 통하지 않고 돌이 된 거란다."

"정말 아름다워요."

"옛날에 이런 식물들이 많았다는 거잖아요?"

"그래, 화석을 통해 보면 나뭇잎이나 동물들의 **구조**를 알 수 있지."

지구의 역사는 40억 년이 넘었다고 했습니다. 그 기간 가운데 인간의 역사는 고작 몇 백만 년 안팎이니까 얼마나 보잘 것 없는 짧은 시간인지 알 수 있었습니다.

우석이와 상현이는 한동안 말이 없었습니다.

"난 내일 학교 가면 민지랑 화해할 거야."

우석이는 며칠 전 사소한 오해로 민지와 싸웠습니다.

"너 다시는 말 안 한다면서?"

"화석을 공부해 보니까 우리 인간의 삶은 너무 짧은 것 같아. 즐겁게 살기도 짧은데 싸울 필요 없잖아."

"그래, 잘 생각했어. 나도 결심했어."

"너는 뭘 결심했는데?"

상현이의 다짐에 우석이가 물었습니다.

"나는 내가 수집해 놓은 게임 카드 애들에게 다 나눠 줄 거야."

"그거 네가 아주 열심히 모은 거잖아."

"그런 거 모아 봤자 화석만큼 오래 갈 것 같지도 않아."

"그래? 그럼 나한테 줘. 헤헤!"

"뭐?"

"나눠 준다면서?"

갑자기 우석이에게 주려니까 아깝다는 생각이 드는 상현이었습니다.

"야, 관둬라 관둬. 내일 아침 되면 맘 바뀔 건데."

"히히, 하긴 그럴지도 몰라. 하하하!"

두 아이는 서로를 바라보며 웃었습니다.

2단계
고 박사님의 단어 노트

이야기에 담긴 단어 알기

1. **화석:** 오랜 옛날 살았던 생물이 죽어 몸이나 흔적이 지층 속에 남아 있는 것.
2. **생물:** 생명을 가지고 생식하며, 스스로 생활할 수 있는 능력이 있는 물체.
3. **흔적:** 어떤 현상이나 실체가 사라지거나 지나간 뒤에 남은 자국이나 자취.
4. **부피:** 넓이와 높이를 가진 물건이 공간에서 차지하는 크기.
5. **저울:** 물건의 무게를 다는 데 쓰는 기구.
6. **화성암:** 마그마나 용암이 식으면서 굳어져 만들어진 암석.
7. **퇴적암:** 모래, 자갈 등이 쌓여 굳어져 만들어진 암석.
8. **화산재:** 화산에서 분출된 용암의 부스러기 중에서 크기가 작은 알갱이들의 퇴적물.
9. **대칭:** 점이나 직선, 평면의 양쪽에 있는 부분이 꼭 같은 모양으로 배치되어 있는 것.
10. **구조:** 부분 또는 요소가 어떤 전체를 짜 이룸.

 **고 박사님의 멘토링**

우리에겐 오래된 것들이 많이 있습니다. 역사, 화석, 우주, 지구 등등 수많은 학자들이 끊임없이 이런 것들을 탐구하고 연구하는 이유는 무엇일까요? 그건 바로 그런 오래된 것들로부터 우리가 왔기 때문입니다. 다시 말해 오늘의 나와 미래의 나를 알려면 바로 과거를 알아야 한다는 뜻입니다. 과거를 알게 되면 미래를 짐작케 되고, 미래를 짐작케 되면 오늘의 내가 어떻게 살아야 할지 방법을 찾을 수 있습니다.

 **표준 화석에 대해 알아볼까요?**

화석은 종류도 많고 아주 다양합니다. 그런 화석의 연대를 알기 위해서는 표준이 되는 화석을 정해야 합니다. 표준 화석은 지구의 암석에 보존되어 있으며 특정한 지질 시대나 환경의 특징이 되는 동물이나 식물을 부르는 말입니다. 암모나이트 종류가 대표적인 표준 화석입니다. 6,500만 년 전의 신생대 퇴적층의 연대 측정은 포유류가 표준 화석입니다. 이것은 포유류 화석이 나온 지층에 있는 동식물이 6,500만 년 전에 이 지구에 살던 것들임을 짐작케 해줍니다.

3단계
개념을 위한 논술 교실

1 다음 단어를 넣어서 문장을 완성해 보세요.

화석:

부피:

저울:

흔적:

대칭:

2 화석을 조사해 세 가지만 찾아보고, 어떤 생물의 화석인지 설명을 함께 써 보세요.

1)

2)

3)

3 인간도 언젠가 공룡처럼 멸종한다는 학설이 있습니다. 만일 정말 그런 일이 생긴다면 어떤 이유로 그렇게 될까요? 멸종을 면하려면 어떻게 해야 할지도 생각해 글로 써 보세요.

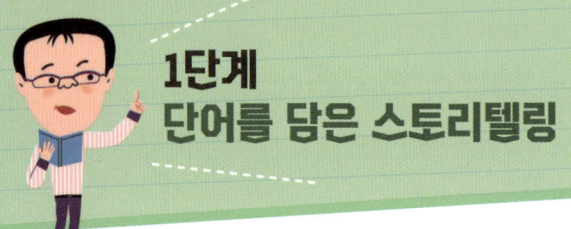 

**1단계
단어를 담은 스토리텔링**

우리 엄마는 일등 엄마

　은성이는 방학을 맞이해 용돈을 모아 친구 동진이와 영화를 보러 갔습니다. 영화를 보고 나왔는데 갑자기 동진이가 급한 일이 생겼다며 집에 가야 한다고 했습니다. 은성이는 동진이가 가자 갑자기 할 일이 없어졌습니다.
　"어떡하지?"
　원래는 동진이와 게임방에 가기로 했는데 집에가 봐야 아무도 없었습니다. 그때, 문득 여기서 엄마 사무실이 가깝다는 생각이 났습니다.
　'그래, 엄마한테 한번 가 보자.'
　사무실은 옛날에 우연히 지나가면서 엄마가 위치를 말해 준 적이 있습니다. 영화관에서 그리 멀지 않은 건물 12층에 엄마 사무실이 있습니다.
　"내가 갑자기 찾아가면 놀라겠지?"

은성이는 남의 사무실이나 집에 갈 때 빈손으로 가는 게 아니라는 엄마 말이 생각나 5,000원을 들여서 음료수 박스를 하나 샀습니다. 사무실에 들어가자 점심시간인지 사람들이 별로 없었습니다. 기웃거리며 서 있자 직원 한 분이 다가왔습니다.

"어쩐 일이니?"

"저, 우리 엄마가 문미라 씨예요."

"어머, 소장님 아들이구나."

"네, 안녕하세요?"

"지금 소장님 잠깐 나가셨어. 잠시만 기다려. 곧 오실 거야."

엄마가 올 때까지 기다리기로 하고 은성이는 사무실을 둘러보았습니다. 그런데 사무실 벽에 이상한 **도표**들이 잔뜩 있었습니다. 학교에서 배운 **막대그래프** 같은 **그래프**들이 사람들 이름 위에 불쑥불쑥 솟아 있었습니다.

'저게 뭐지?'

엄마 이름 밑에도 알지 못할 숫자가 **소수점**까지 기록되어 있는 것이 보였습니다. 사무실은 마치 기록 경연장 같았습니다. 각종 표로 가득 차 있었기 때문입니다.

"어머, 우리 아들이 어쩐 일로 엄마 사무실까지 왔어?"

"영화 보러 왔다가 생각나서요."

은성이는 가져갔던 음료수를 내밀었습니다. 엄마는 기특해 했습니다.

"우리 아들이 음료수도 사 올 줄 알고……."

"엄마, 저기에 있는 **직선**이랑 **곡선**은 뭐예요?"

"아, 저거? 엄마 회사 직원들의 영업 실적을 표시한 거야. **평균**을 내고 **통계**를 내서 누가 제일 많이 판매했나 보여 주는 거지."

"와, 엄마가 일등이에요."

"호호, 엄마가 일등할 때도 있고 못 할 때도 있어. 여기 있는 직원들 모두 열심히 하거든."

"그렇구나. 이 **모눈종이**에 하나씩 표시하는 거예요?"

"그렇지, 물건 하나 팔 때마다 모눈종이 한 칸씩 올라가는 거야."

"그럼 이 빨간색 선은 뭐예요?"

"그건 목표치야."

"이 목표를 넘긴 사람도 있고 못 넘긴 사람도 있네요?"

"응, **초과**하면 초과했다고 수당을 더 주지."

"와, 엄마 정말 열심히 사시네요."

"우리 아들이 그런 얘기 하니까 눈물나는 걸."

은성이는 엄마가 매일매일 목표를 정해서 도전하며 산다는 것을 알게 되었습니다. 이걸 보니 이런저런 생각이 많이 들었습니다. 그동안 자신은 그런 목표 없이 살아온 게 아닌가 하는 반성도 되었습니다.

집에 오면서 은성이는 엄마에게 조심스럽게 말했습니다.

"엄마, 저도 더욱 열심히 공부할게요. 게임도 끊고, 책도 읽을게요."

잠시 말이 없던 엄마가 울먹이는 목소리로 말했습니다.

"우리 아들, 고마워. 엄마가 힘이 나네."

그날 엄마는 집에 오는 길에 맛있는 피자를 사 주었습니다. 은성이는 엄마와 피자를 먹으며 모처럼 마음을 터놓고 이야기를 나누었습니다. 잘 몰랐던 마음속 이야기를 대화로 풀어간다는 게 얼마나 소중한 것인지도 비로소 알게 되었습니다.

2단계
고 박사님의 단어 노트

이야기에 담긴 단어 알기

1. **도표**: 관계를 일정한 양식의 그림으로 나타낸 표.
2. **막대그래프**: 조사한 수를 막대로 나타낸 그래프.
3. **그래프**: 자료를 점, 직선, 막대, 그림 등을 사용하여 나타낸 것.
4. **소수점**: 소수 부분과 정수 부분을 구분하여 나누기 위해 그 사이에 찍는 부호 '.'을 이르는 말.
5. **직선**: 꺾이거나 굽은 데가 없는 곧은 선.
6. **곡선**: 모나지 않고 부드럽게 굽은 선.
7. **평균**: 여러 수나 같은 종류의 양의 중간 값을 갖는 수.
8. **통계**: 어떤 현상을 한눈에 알아보기 쉽게 일정한 체계에 따라 숫자로 나타냄.
9. **모눈종이**: 일정 간격으로 여러 개의 세로줄과 가로줄을 그린 종이.
10. **초과**: 일정한 수나 한도 등을 넘음.

 **고 박사님의 멘토링**

통계 자료를 보여 주는 가장 일반적인 방법은 표를 사용하는 것입니다. 표는 구체적인 수치를 파악하는 데는 유리합니다. 하지만 한눈에 알아보는 가독성이 떨어지기 때문에 점, 선 등을 사용해 바꿔서 표현한 것이 그래프입니다. 그래프는 변화의 흐름을 알아보는 데 도움이 됩니다. 이런 장점 때문에 주로 신문이나 서적, 논문 등에서 사용됩니다.

 **그래프와 컴퓨터**

그래프의 종류는 상당히 많습니다. 대개 막대그래프, 꺾은선그래프, 원그래프, 방사형그래프 같은 것들이 많이 사용됩니다. 과거에는 이런 그래프를 그리려면 일일이 자로 재서 수치나 자료의 양과 크기를 바꿔 계산해야 했기에 시간이 많이 걸렸습니다. 하지만 요즘은 컴퓨터 프로그램이 이런 일을 대신해 줍니다. 대부분의 수치 계산 프로그램이나 문서 작성 프로그램을 이용하면 수치만 입력해도 원하는 모양의 그래프가 자동으로 생성됩니다.

3단계
개념을 위한 논술 교실

1 다음 단어를 넣어서 문장을 완성해 보세요.

막대그래프:

소수점:

평균:

통계:

곡선:

2 우리는 왜 일을 해야 하는지 생각해 보고, 그 이유를 세 가지만 써 보세요.

1)

2)

3)

3 미래의 내가 하고 싶은 일은 무엇인지 상상해 보고, 글로 써 보세요.

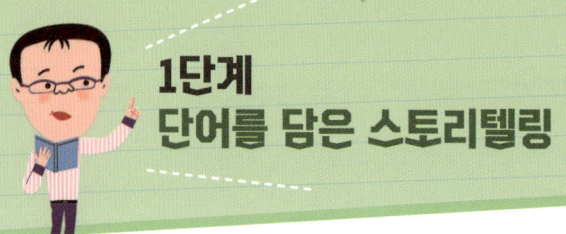

흥미진진 철공소 구경

태민이는 기계를 다루거나 무언가 만드는 것을 아주 좋아합니다. 납땜을 하거나 드릴로 뚫어서 기구나 도구를 만드는 것도 즐깁니다.

"아빠, 저는 나중에 기계공학과에 갈 거예요."

"기계공학과?"

"네, 기계라든가 도구가 저는 좋아요."

"그럼 아빠 친구가 철공소 하는데 구경 한번 갈까?"

"와! 정말이요?"

"응, 미리 연락해 놓을게."

그렇게 해서 태민이는 아빠와 철공소 구경을 가게 되었습니다. 아빠 친구가 하는 철공소는 영등포에 있었습니다. 철공소 골목에 들어가니 많은 기계들이 돌아가며 손님이 오기를 기다렸습니다.

"신기해요!"

태민이는 이리저리 구경하느라 정신이 없었습니다. 가게는 아빠 친구 이름을 딴 세명 철공소였습니다.

"자, 여기다."

아빠를 따라 철공소 안에 들어가니 온통 크고 작은 파이프들이 한쪽 벽에 잔뜩 쌓여 있었습니다.

"와, **원**이 엄청 많네요."

파이프 쌓아 놓은 것들이 옆에서 보니 크고 작은 원의 모임이었습니다. 큰 원통 안에는 작은 원통이 들어가 있기도 했습니다.

"아저씨! 이건 얼마나 큰 거예요?"

"**직경**이 20센티미터인 것도 있고 작은 거는 5밀리미터인 것도 있단다."

"정말 다양하네요. 그런데 직경이 뭐예요?"

"**지름**이라고도 말하지."

"아, 지름이요. 그럼 **반지름**은 뭐라고 불러요?"

"반지름은 **반경**이지. 다 한자라서 어려운 모양이구나."

"아, 한자구나."

아저씨는 귀엽다는 듯 태민이의 머리를 쓰다듬어 주었습니다.

"이걸로 뭘 만들 수 있는데요?"

"이걸 사다가 가공해서 다른 걸 만드는 사람도 있고, 우리가 가공해 주기도 한단다."

"어떻게요?"

"**각도**를 재서 잘라 주기도 하고, **직각**으로 끊어서 긴 파이프를 잘게 다발로 묶어 주기도 해."
"이 파이프는 얼굴이 비쳐요."
"응, 그건 비싼 스테인리스 파이프야. 얼굴이 **반사**될 정도지. 건물 인테리어에 많이 쓰여."
"이 비싼 걸 왜 쓰나요?"
가격표를 본 태민이가 놀라 물었습니다.
"녹이 슬지 않기 때문이야."
"아하, 그렇구나. 그럼 이 파이프는 어떻게 들어 올리세요?"

"사람이 들어 올리기도 하고, 큰 전자석이 자력으로 붙여 이동하기도 해."
"전자석은 뭐예요?"
"**자석**인데 전기가 통할 때만 자성이 생기지. 쇠들을 붙여서 트럭에 실었다가 전기를 끊으면 다시 떨어진단다."
"와, 그렇구나!"
태민이 눈에는 온통 신기한 것들뿐이었습니다.
"N**극**과 S극이 있기 때문에 자석에 쇠가 붙는 건 잘 알지?"
"네, 알아요. 나침반도 자석이잖아요."
"맞아. 아주 똑똑한 걸?"
태민이의 질문에 아저씨는 이것저것 설명해 주고 철공소 구경을 두루두루 시켜 주었습니다. 아빠는 멀찍이 앉아서 이것저것 물어보는 태민이를 바라보았습니다. 구경을 다 하고 태민이가 아빠에게 물었습니다.
"근데 아빠는 왜 철공소 안 해요?"
"응? 무슨 말이야?"
"아빠가 이런 거 전공하는 대학 가셨으면 제가 신나게 기계 같은 거 만지고 놀 텐데."
"하하하! 아빠는 학교 다닐 때 문과였어."
"문과요?"
"응, 학문에는 문학, 어학, 철학과 같은 문과 계통이 있고 세명이 아저씨같이 기계나 과학을 전공하는 이과 계통이 있단다. 아저씨는 공고를 간 거고 이렇게 사장님이 된 거란다."

"아, 나도 그럼 나중에 이과 가서 철공소 할래요."

옆에서 그 말을 듣고 있던 아저씨가 말했습니다.

"오, 그래. 너 그럼 우리 집에 와서 실습부터 하는 게 어떠니? 이 망치 엄청 무거운데 한번 들어 볼래?"

태민이가 아저씨가 주는 큰 망치를 들어보려 했습니다. 하지만 너무 크고 무거워 들 수가 없었습니다.

"하하, 나중에 힘이 더 세지면 오렴."

"네, 꼭 힘 세져서 다시 올게요."

아저씨와 인사를 하고 집에 돌아오는 태민이 손에는 아저씨가 작은 파이프로 돌돌 말아 만들어 준 장난감 로봇이 들려 있었습니다.

2단계 고 박사님의 단어 노트

이야기에 담긴 단어 알기

1. **원**: 둥글게 그려진 모양이나 형태.
2. **직경**: 지름의 다른 말.
3. **지름**: 원의 중심을 지나도록 원 위의 두 점을 이은 선분이나 그 선분의 길이.
4. **반지름**: 원의 중심과 원 위의 한 점을 이은 선분이나 그 선분의 길이.
5. **반경**: 반지름의 다른 말.
6. **각도**: 각을 이루는 두 변의 서로 벌어진 정도.
7. **직각**: 두 직선이 만나서 이루는 각이 90도인 각.
8. **반사**: 일정한 방향으로 나아가던 파동이 다른 물체의 표면에 부딪쳐 방향을 반대로 바꾸는 현상.
9. **자석**: 철을 끌어당기는 성질을 가진 물체.
10. **극**: 자석에서 자력이 가장 센 양쪽 끝. 남극과 북극이 있음.

 **고 박사님의 멘토링**

요즘은 과거와 달리 문과나 이과를 구분하지 않고 통합합니다. 그 이유는 문과와 이과의 구분으로 생기는 지식의 쏠림을 막기 위한 것입니다. 인문학적 상상력과 과학 기술의 창의성이 결합하여 더욱 유능한 융합형 인재를 길러내기 위해서입니다. 지식과 정보가 뒤섞여 전혀 상상도 못 했던 것을 만들어 내고, 보다 독창적이고 기발한 기술과 학문적 성과를 이루어 내는 것이 우리 미래의 모습일 것입니다.

 **자석의 활용에 대해 알아볼까요?**

자석이 우리 삶에 유용한 이유는 자기장이 자석이나 전류가 흐르는 전선 주위에 생기는 힘을 이용할 수 있기 때문입니다. 자기장은 보이진 않지만 확인할 수 있는 힘입니다. 일상생활에서 자기장을 이용하는 예는 철로 만든 물건이 자석에 붙는 걸 이용하는 것입니다. 칠판에 붙는 글자나 고무 자석, 드라이버 끝, 자석 필통 등등 자석은 우리 생활에 뗄 수 없는 밀접하고 중요한 가치가 있습니다.

3단계
개념을 위한 논술 교실

1 다음 단어를 넣어서 문장을 완성해 보세요.

원:
___

각도:
___

직각:
___

자석:
___

반사:
___

2 우리 생활 주변에 원통이 어떻게 쓰이는지 조사해 보고, 그 용도를 설명해 보세요.

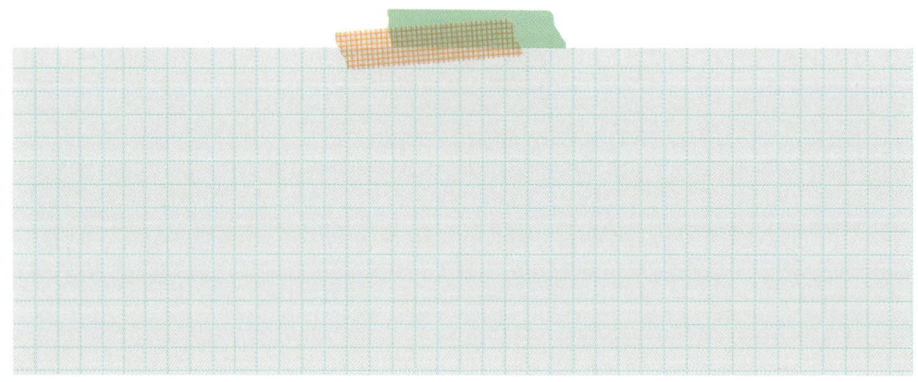

3 자석이 쓰이는 곳은 무척 많습니다. 자석을 어떤 곳에 쓸 수 있을지 나만의 기발한 아이디어를 생각해 글로 써 보세요.

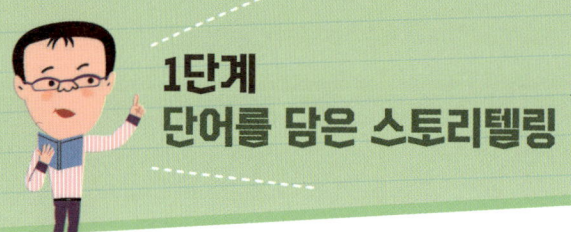 

안전 교육 받는 날

오늘은 용균이네 학교에 안전 재난 예방 지도 선생님이 왔습니다. 안전에 대한 교육을 받는 날이기 때문입니다.

"여러분, 안녕하세요? 저는 일본에서 살다 온 김태식 강사입니다."

선생님은 30대의 젊은 분이었습니다.

"오늘은 제가 일본에서 **해일**을 만난 경험을 이야기해 드리겠습니다. 해일은 다른 말로 쓰나미라고도 하지요."

선생님의 이야기가 시작되자 아이들은 그 이야기에 점점 빠져들었습니다.

"제가 근무하는 곳은 높은 산에 있는 대학교 연구실이었습니다. 쓰나미가 발생한 시간, 저는 연구실에 있었지요."

"와, 정말 무서웠겠다."

옆에 있던 우석이가 소곤댔습니다.

"우리가 있는 산에서 시가지를 중심으로 **대각선** 방향에는 기상청이 있었어요. 기상청 경보에 우리는 창밖을 내다보았어요. 그랬더니 정말 저 멀리서 바닷물이 밀려들어 오고 있었습니다."

선생님은 사진 자료와 동영상을 보여 주었습니다. 멀리서 **밀물**보다 더 높고 큰 어마어마한 바닷물이 밀려오는 게 보였습니다.

"**시차**를 두고 쓰나미가 바닷가에 있는 마을에 도착했어요. 해발 50미터 **미만**의 지역에 있는 사람은 위험하다고 해서 모두 산으로 달려갔습니다. 이윽고 해일이 덮치자 정말 무서웠어요. 스티로폼이나 자동차, 각종 생활 도구가 **혼합물**이 되어 마구 밀고 들어왔지요. **직육면체**의 컨테이너 박스 같은 것들이 성냥갑처럼 둥둥 떠서 돌아다녔어요."

강당은 조용해졌습니다. 모두 숨죽이고 강연을 들었습니다.

"이럴 때 살아남는 방법은 무조건 높은 곳으로 올라가는 거랍니다."

자료로 보여 주는 걸 보니 그 선생님이 있던 지역에서만 **어림수**로 500여 채의 건물이 파괴되고 이재민 2,000여 명이 발생했습니다. 강연이 끝나자 용균이가 손을 들고 질문을 했습니다.

"안녕하세요? 저는 3학년 이용균이라고 합니다. 오늘 선생님 강연을 듣고 해일이 정말 무섭다는 걸 알게 되었습니다. 감사드려요. 그런데 물이 다 빠지면 다시 치우고 살면 되지 않나요? 왜 아직도 이재민이 집에 못 돌아가나요?"

"좋은 질문이에요. 생각해 보면 그럴 것 같지만 실제로는 그렇지 않아

요. 사람 사는 곳 전부에 각종 병균과 **미생물**들이 번식을 해서 그것들도 확실하게 제거해야 합니다. 전염병이 돌기 때문이지요. 해일도 무섭지만 그다음이 더 무서운 것입니다."

용균이는 그제야 이해가 되었습니다. 하수구와 정화조의 더러운 하수나 똥오줌이 다 쏟아져 나와 온통 집을 덮었으니 말입니다.

"여러분도 안전을 위해서라면 무엇도 양보해선 안 됩니다. '설마 무슨 일이 있겠어?'라는 생각이 제일 위험합니다. 나중에 재난 대책 본부에서 이 해일 사건을 놓고 **해석**을 했는데 일본 국민은 그래도 훈련이 잘되어 있어서 피해가 적었다고 해요. 우리나라는 지진을 많이 경험하지 못해서 피해가 발생할 경우에 굉장히 위험해요. 여러분들은 항상 안전에 유의하기 바랍니다."

용균이는 강연을 듣고 나서 생활 속에서 안전을 무시하는 것들이 있는지 유심히 살펴보겠다고 결심했습니다.

집에 오는 길에 용균이는 축대에서 물이 줄줄 새는 것을 발견했습니다.

"어? 이거 이상하네. 비가 그친 지 오래되었는데……."

며칠 전까지 비가 엄청나게 온 적이 있지만 이제 다 그쳤는데 축대 틈으로 물이 계속 배어 나오는 게 의심스러웠습니다. 그 위에는 집들이 몰려 있었습니다.

"안 되겠다. 신고해야지."

용균이는 핸드폰을 꺼내 선생님이 알려 준 재난 안전 신고 번호 110을 눌렀습니다. 앞으로 길을 다니다 위험한 것을 보면 꼭 신고하리라 결심한 용균이의 눈빛이 반짝반짝 빛났습니다.

2단계
고 박사님의 단어 노트

 **이야기에 담긴 단어 알기**

1. **해일**: 해저의 지각 변동이나 해상의 기상 변화에 의해 갑자기 바닷물이 크게 일어서 육지로 넘쳐 들어오는 것.
2. **대각선**: 선분으로 둘러싸인 도형에서 서로 이웃하지 않은 두 꼭짓점을 이은 선분.
3. **밀물**: 바닷물이 해안가로 들어오는 것.
4. **시차**: 어떤 일을 하는 시간이나 시각에 차이가 지는 일.
5. **미만**: 어떤 수보다 작은 수.
6. **혼합물**: 두 가지 이상의 물질이 섞여 있는 것.
7. **직육면체**: 직사각형 6개로 둘러싸인 도형.
8. **어림수**: 어떤 것을 재었을 때 얻은 값이 참값에 아주 가까운 값. 근삿값.
9. **미생물**: 눈으로 볼 수 없는 아주 작은 생물.
10. **해석**: 사물을 자세히 풀어 논리적으로 밝힘.

 **고 박사님의 멘토링**

이제 우리나라도 지진으로부터 안전한 나라가 아닙니다. 게다가 환경도 극심하게 오염되어 있습니다. 과거 삶의 방식으로는 안전하게 살 수 없습니다. 재난에 대비하는 마음가짐으로 늘 안전에 대비해야 합니다. 지진이 자주 일어나는 섬나라 일본처럼 지진 가방 같은 걸 준비하는 사람들도 있습니다. '설마 무슨 일이 있겠어?'라고 생각하는 것이 가장 위험한 것일 수도 있습니다. 안전은 미리미리 예방하는 것이 무엇보다 중요합니다.

 **안전을 위한 신고 전화**

과거에는 재난 신고 번호가 무려 21개나 운영되었습니다. 당연히 혼선이 생기고 어디로 전화해야 할지 모르는 일도 벌어졌습니다. 국민 여론도 신고 전화가 너무 많다는 것이었습니다. 그 결과 2016년 10월 28일에 119와 112로 통합하였습니다. 대표적인 신고 전화인 119는 화재나 응급환자가 발생했을 때, 112는 범죄가 일어났을 때이고, 긴급하지 않은 상담 신고는 110으로 나누게 되었습니다. 언제 일어날지 모르는 사고에 대비해 대표적인 신고 전화는 꼭 외워 두어야 합니다.

 ## 3단계
개념을 위한 논술 교실

1 다음 단어를 넣어서 문장을 완성해 보세요.

해일:
_____

혼합물:
_____

미생물:
_____

대각선:
_____

직육면체:
_____

2 우리 주변에 안전 문제가 있는 곳이 어디일지 생각해 써 보세요.

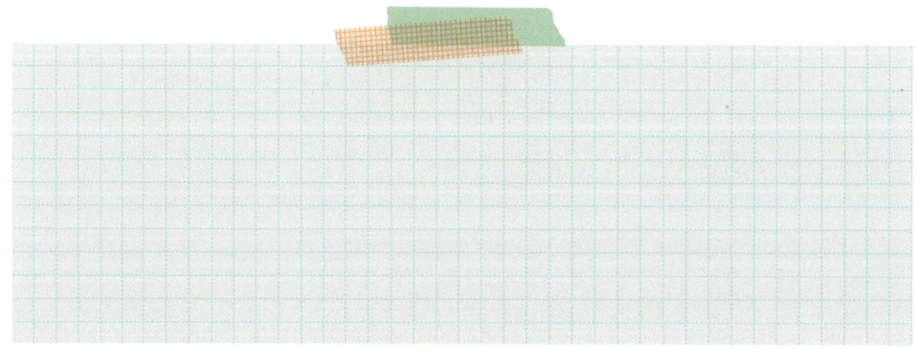

3 갑자기 지진이 발생했다고 가정하고, 나는 어떤 순서로 움직여 대피할 것인지 글로 정리해 써 보세요.

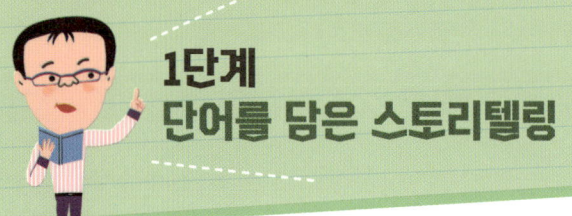 

**1단계
단어를 담은 스토리텔링**

자나 깨나 불조심

"나이는 숫자에 불과해!"

지하 창고에서 커다란 통을 들고 오면서 세탁소 아저씨가 말했습니다. 아저씨는 머리가 하얗고 수염도 하얀 분입니다. 손자도 있는 나이인데 세탁소 일을 열심히 하십니다.

"안녕하세요?"

"오냐, 민정이구나."

가끔 민정이가 인사를 하면 늘 환하게 웃어 주곤 하셨습니다.

어느 날, 민정이가 집에 돌아오는데 세탁소에서 시커먼 연기가 쏟아져 나오고 있었습니다.

"불났다! 불!"

"어서 가 보자!"

같이 가던 아이들은 **용수철**처럼 튀어 불난 곳으로 달려갔습니다. 민정이도 따라가 보았습니다. 소방차가 여러 대 왔지만 다행히 불은 금세 꺼진 것 같았습니다. 세탁소 아저씨가 초기에 소화기를 써서 불을 껐기 때문이라고 했습니다. 소방관과 경찰관 아저씨들이 화재의 원인을 찾으려고 이것저것 묻고 있었습니다.

"어떻게 화재가 났나요?"

"글쎄요. 모르겠어요. 드라이클리닝 약품 통을 가지러 지하에 갔는데 연기가 나기에 재빨리 껐어요."

"정말 큰일 날 뻔했네요."

　이야기를 들어 보니 아저씨는 옷을 드라이클리닝 하는 **용매**를 창고에 보관하고 있었던 것입니다. 드라이클리닝은 옷에 있는 때를 물이 아닌, 기름 같은 **화학** 성분도 녹여 낼 수 있다는 **성질**에 착안해 **용해**시켜 때를 빼는 원리입니다.

"지하가 **발화점**을 넘을 정도로 더웠나요?"

"아니에요. 보시다시피 서늘한 지하 창고입니다."

　어디서 구해 왔는지 건물주 아저씨가 **평면도**를 보여 주며 말했습니다.

"그렇지만 화재는 여러 가지 원인으로 일어납니다. 전문가의 **시각**은 다릅니다."

"그런가요?"

"지하실 북쪽 면에 붙여 놓은 용매에서 화재가 난 거지요?"

"네, 딱 한 통 놓았는데 거기에서 불이 붙더라고요."

"용매는 온도가 조금만 높아도 바로 불이 붙는 성질이 있습니다. **백분율**로 보면 확률은 낮지만 전기 스파크가 원인이 아닌가 싶어요. 아니면 쪽창으로 빛이 들어가면서 그 빛이 집중적으로 용매 통을 덥혀서 불이 났을 수도 있습니다."

"이만하길 정말 다행입니다."

"그래서 위험한 용매는 어두운 곳, 빛이 들어오지 않는 곳에 보관해야 합니다. 자세한 건 좀 더 조사를 해 봐야 되겠지만 하마터면 큰 사고로 이어질 뻔했습니다."

"네, 죄송합니다."

세탁소 주인아저씨는 몇 번이고 고개를 숙였습니다.

민정이가 보니 시커먼 연기가 벽을 타고 그을려서 건물이 보기 싫게 되었습니다. 아저씨가 정신을 좀 차리고 주변을 정리할 때 민정이가 다가가 물었습니다.

"아저씨, 안 다치셨어요?"

"민정이구나. 고맙다. 다행히 다친 곳은 없어."

"불난 거 빨리 발견해서 다행이에요."

"그래, 정말 다행이야."

"벽이 시커멓게 돼서 어떻게 해요?"

"걱정하지 마. **그을음** 녹이는 약품을 사다 닦으면 깨끗이 없어진단다."

"아, 그렇구나. 아저씨 앞으로 조심하세요."

"고맙다."

민정이는 집에 오면서 이 세상에는 해결하지 못할 문제도 없지만 가장 좋은 것은 문제가 생기기 전에 미리미리 조심해야 한다는 것을 다시 한 번 깨달았습니다.

2단계 고 박사님의 단어 노트

이야기에 담긴 단어 알기

1. **용수철**: 탄력이 있는 나선형으로 된 쇠줄.
2. **용매**: 어떤 액체에 물질을 녹여 용액을 만들 때 그 액체를 가리키는 말.
3. **화학**: 자연 과학의 한 분야로 물질의 구성과 그 상호작용을 연구하는 학문.
4. **성질**: 물질마다 갖고 있는 고유한 특성.
5. **용해**: 두 가지 이상의 물질(용질과 용매)이 골고루 섞이는 현상.
6. **발화점**: 물질을 마찰시키거나 가열할 때 불이 붙어 타기 시작하는 최저 온도.
7. **평면도**: 건물이나 물체의 위치를 알기 위해 위에서 내려다본 모습을 그린 그림.
8. **시각**: 사물을 관찰하고 파악하는 기본적인 자세.
9. **백분율**: 기준량을 100으로 볼 때의 비율. 기호로 '%'로 나타내고, '퍼센트'라고 읽음.
10. **그을음**: 어떤 물질이 불에 탈 때 연기에 섞여 나오는 먼지 모양의 검은 가루.

고 박사님의 멘토링

화재가 발생할 때는 인화점과 발화점을 알아야 합니다. 인화점과 발화점의 차이는 불꽃이 있을 때와 없을 때 불이 붙는 온도입니다. 인화점은 불꽃이 있을 때, 화염이 일어나는 온도입니다. 발화점은 불꽃 없이 자체의 온도만으로 스스로 불이 붙는 온도입니다. 가솔린의 경우는 영하 20도 이상이면 불꽃만으로도 점화가 됩니다. 하지만 자체적으로 연소하도록 온도를 올리면 발화점인 40~70도에 도달해야만 불이 붙습니다. 그렇기 때문에 상온에서 가솔린은 저절로 불이 붙지는 않습니다.

드라이클리닝의 원리

우리가 늘 입는 옷은 땀이 배거나 악취가 나면 세탁이 필요해집니다. 이럴 경우 기름때는 잘 지워지지 않습니다. 그럴 때 휘발성 기름과 세제를 이용해 오염된 물질을 없애 주는 것이 바로 드라이클리닝입니다. 물은 음이온과 양이온으로 극성을 가지고 있습니다. 그러나 기름은 극성을 가지고 있지 않기 때문에 물로 녹일 수 없는 기름때를 녹일 수 있습니다. 과거엔 등유나 가솔린을 썼지만 최근엔 옷감에 변형을 주지 않는 새로운 용재가 쓰이고 있습니다.

3단계 개념을 위한 논술 교실

1 다음 단어를 넣어서 문장을 완성해 보세요.

성질:

용수철:

평면도:

용매:

그을음:

2 우리가 사는 집이나 아파트에 화재 예방 시설은 무엇이 있는지 소개해 보세요.

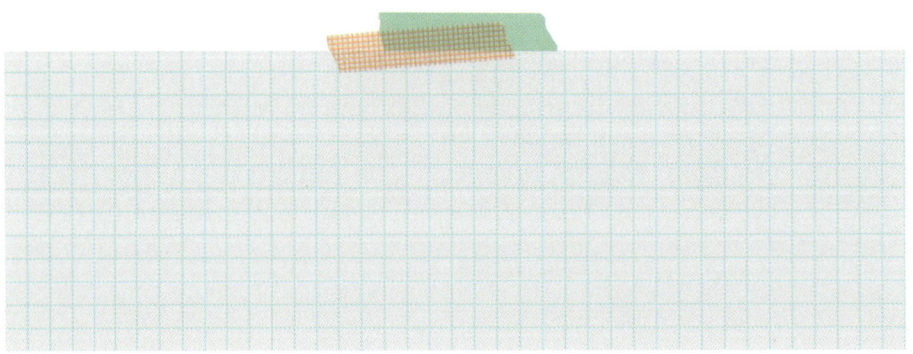

3 우리 학교에 화재가 났다면 어떻게 행동해야 할지 생각해 보고, 안전하게 대피할 수 있는 방법을 글로 써 보세요.

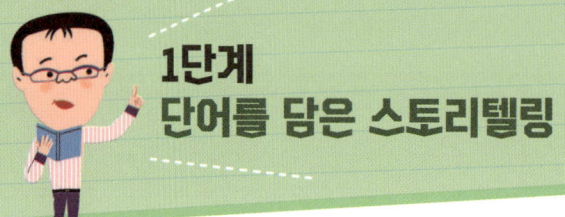 

**1단계
단어를 담은 스토리텔링**

블록 만드는 삼촌

"민철아, 너희 삼촌 정말 많이 변했다."
"왜요?"
"아기 낳더니 완전히 아기만을 위해서 살고 있어."

민철이 삼촌은 젊었을 때 프로 게이머였습니다. 머리는 빨갛게 물들이고 가죽옷을 입고 게임만 하면서 매일 컴퓨터만 끼고 살던 사람이었습니다. 작은 프로 게임단에 들어가 선수로도 활동했습니다. 그러던 삼촌이 2년 전에 결혼을 하더니 게임을 그만두었습니다. 가족을 위해 안정적으로 돈을 벌어야 한다면서 게임을 개발하고 게임을 해설하는 직업으로 옮겨 간 것입니다. 그 뒤로는 열심히 출퇴근하면서 돈을 벌어오는 성실한 아빠가 되었다는 것입니다.

그 삼촌에게 게임을 배우던 민철이는 믿어지지가 않았습니다.

'삼촌이 정말 변했을까?'

며칠 후, 민철이는 사촌동생 민혁이를 보러 갈 겸 주말에 삼촌네 집에 갔습니다.

"삼촌, 저 왔어요."

"어, 민철아! 어서 와."

삼촌은 지하에 작업실을 만들어 놓고 있었습니다.

"우와, 이게 다 뭐예요?"

지하에는 여러 가지 목공구가 가득 진열되어 있었습니다. 드릴, 톱, 망치 같은 것들이었습니다. 작업실에는 고소한 냄새가 가득했습니다.

"나 지금 민혁이 장난감 만드는 중이야."

"장난감이요?"

"응, 블록을 만들고 있지."

삼촌은 사람 몸에 좋다는 편백나무를 톱으로 잘라 **원기둥**을 만들었습니다. 자세히 보니 그뿐만 아니라 삼각, 사각, 오각의 **각기둥**도 만들고, **각뿔**도 이미 다듬어 놓았습니다.

"와, 이게 다 나무로 만든 거예요?"

"응, 각을 다 정확히 재서 만들었단다."

"각을 어떻게 재요?"

"**각도기**가 있잖아. 정삼각형은 꼭지가 각각 60도씩이란다. 60도에 맞춰서 만드는 거지. **구**와 **사다리꼴**도 있어."

삼촌이 만들어 놓은 것을 보니 그것뿐만이 아니었습니다.

마름모와 **평행사변형**, **다각형**의 나무로 만든 블록들이 나뒹구는 것을 보며 민철이가 물었습니다.

"삼촌, 이걸 어떻게 하려고요?"

"우리 민혁이가 쌓고 무너뜨리며 **입체** 감각을 기르는 장난감으로 쓸 거야."

"파는 것도 많잖아요."

"하하! 알아. 나도 그런 거 갖고 놀면서 자랐는 걸."

"그런데 왜 귀찮게 직접 만들어요?"

"아들을 위해서 직접 만들어 주고 싶었어."

삼촌은 나무 먼지를 뒤집어 쓴 채, 나무에 사포질을 하고 있었습니다.

"때 묻으면 어떻게 하려고요?"

"때도 묻지 않고 민혁이가 아무리 빨아도 상하지 않도록 친환경 페인트를 칠할 거야."

"친환경이요?"

"응, 제일 좋은 건 옻칠을 하는 건데 나는 기술이 없으니까 그냥 콩기름 같은 걸 바르려고."

삼촌은 고소한 냄새가 나는 콩기름을 나무 블록에 발랐습니다.

"와, 정말 좋아요."

"너도 한번 만들어 볼래?"

"네!"

민철이도 장갑을 끼고 보안경을 쓴 뒤 나무를 자르면서 블록을 만들어 보았습니다. 하지만 민철이가 만든 블록은 각도도 맞지 않고 삐뚤빼뚤했습니다. 그뿐만이 아니라 거친 표면 때문에 삼촌이 만든 반듯한 물건과는 비교가 되지 않았습니다.

"아이, 재미없어요."

"하하! 그냥 내가 만든 거 가지고 놀아. 나중에 민혁이가 크면 함께 놀아 줘."

"알겠어요. 하지만 삼촌도 대단하네요. 아들을 위해서 이렇게 열심히 하시는 걸 보니."

"사실은 내가 재밌어서 하는 거야. 하하하!"

그때 밖에서 숙모가 큰 소리로 불렀습니다.

"여보, 민철아! 어서 올라와 치킨 먹고 해!"

신이 난 민철이가 서둘러 위층으로 올라갔습니다.

2단계
고 박사님의 단어 노트

이야기에 담긴 단어 알기

1 **원기둥:** 위와 아래 있는 면이 서로 평행이고 합동인 원으로 이루어진 입체도형.
2 **각기둥:** 위와 아래 있는 면이 서로 평행이고 합동인 다각형으로 이루어진 입체도형.
3 **각뿔:** 밑면이 다각형이며, 옆면이 삼각형인 뿔 모양의 입체도형.
4 **각도기:** 각의 크기를 잴 때 사용하는 기구.
5 **구:** 반원의 지름을 회전축으로 하여, 1회전 한 입체도형.
6 **사다리꼴:** 마주 보는 한 쌍의 변이 서로 평행인 사각형.
7 **마름모:** 네 변의 길이가 모두 같고, 두 쌍의 마주 보는 변이 서로 평행하며, 마주 보는 두 각의 크기가 서로 같은 사각형.
8 **평행사변형:** 마주 보는 두 쌍의 변이 서로 평행인 사각형.
9 **다각형:** 세 개 이상의 선분으로 둘러싸인 도형.
10 **입체:** 삼차원 공간에서 여러 개의 평면이나 곡면으로 둘러싸인 부분.

고 박사님의 멘토링

환경 기준에 맞지 않는 장난감이 많다고 가끔 언론에 보도됩니다. 각 나라마다 어린이들을 보호하기 위한 안전 기준이 있습니다. 그런 기준을 통과하면 안전마크를 붙여 주기도 합니다. 어린이 장난감은 입에 자주 가져가기에 식품 위생법에 따른 시험에서 반드시 안전성이 확인된 페인트나 염료를 사용해야 합니다. 페인트와 래커에는 다양한 화학 물질이 들어갑니다. 가장 대표적인 것이 납과 비소 같은 중금속입니다. 어린이들이 만지거나 입에 물면 몸에 흡수되어 쌓이고 질병을 일으키게 됩니다.

블록 쌓기의 중요성

블록 놀이는 어린이들이 쌓고 정리하고 무너뜨리는 과정을 통해 성장하도록 해 줍니다. 또한 사물의 크기, 모양, 공간 등을 인식하게 되기 때문에 성장기 어린이들에게 아주 좋은 놀이 기구입니다. 손에 맞는 적당한 크기로 단순하고 다양하게 응용할 수 있는 블록을 가지고 놀수록 어린이들의 창의성이 더욱 길러집니다. 또한 블록 쌓기는 수학, 과학에 필요한 인지 능력도 함께 키워 줍니다.

3단계
개념을 위한 논술 교실

1 다음 단어를 넣어서 문장을 완성해 보세요.

사다리꼴:

마름모:

입체:

다각형:

각도기:

2 내가 좋아하는 장난감을 세 가지만 생각해 보고, 그 이유도 함께 써 보세요.

1)

2)

3)

3. 내가 장난감을 만든다면 어떤 것을 만들지 생각해 보고, 장난감의 이름을 정해 보세요. 그리고 어떻게 움직이며 어떤 효과가 있는지도 글로 써 보세요.

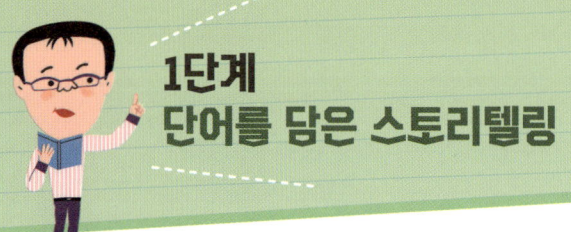 

운정이네 축대 쌓기

오늘은 운정이네 전원주택에 축대를 쌓는 날입니다. 아빠는 몇 년 전 회사를 그만두고 강원도 산골로 가족과 함께 내려왔습니다. 마음에 드는 집을 멋지게 지어 살며 농업을 하겠다고 결심했기 때문입니다.

그동안 아빠는 집을 설계하고, 직접 땅을 고르고 재료들을 사서 집을 지었습니다. 느리지만 확실하게 가족만의 집을 지어 나갔습니다. 그건 마치 거북이가 한 걸음 한 걸음 제 갈 길을 가는 것과도 같았습니다. 이제 곧 장마철이 다가오자, 아빠가 한 달 전부터 말했습니다.

"집 뒤의 산을 잘라내고 집터를 만든 거라서 축대를 쌓아야겠어."

오늘은 깎아 놓은 산비탈을 단단하게 받쳐 주는 축대를 쌓는 날입니다. 아침부터 기술자 아저씨들이 운정이네 집에 왔습니다.

아빠는 **도형**을 보면서 일하는 아저씨들에게 이것저것 이야기를 했습니다. 마당에는 **모서리**를 깎아 놓은 네모난 돌들이 잔뜩 놓여 있었습니다.

"아빠, 이 돌들은 무슨 돌이에요?"

"축대를 이걸로 쌓을 거란다."

"왜 이렇게 생겼어요?"

"돌이 앞부분은 크고 뒷부분은 좁지?"

"네."

"마치 개 이빨처럼 생겼다고 한자로는 견칫돌이라고 부른단다."

"이거를 쌓는 거예요?"

"응, 비가 와서 뒷산의 흙이 무너지면 큰일 나니까 그러지 않도록 이 돌들을 쌓는 거지."

운정이네 전원주택 둘레를 빙 둘러 축대를 쌓는 일은 큰일이었습니다. 아저씨들이 땅바닥에서부터 돌들을 차곡차곡 쌓아서 각도를 맞추고 있었습니다. **사각형**의 돌들이 쌓여서 벽을 만들어 갈 때 뒤쪽으로는 자잘한 돌들을 박아 넣었습니다. 비가 올 때를 대비하여 축대 견칫돌 사이사이에 파이프도 꽂았습니다.

"이거는 무슨 파이프에요?"

"**강수량**이 장마철처럼 많아지면 축대 안에 물이 고여서 무너질 수가 있어. 그 물을 **배출**해 주려고 이렇게 파이프를 꽂아 주는 거지."

"물은 그냥 땅속으로 스며드는 거 아니에요?"

"이곳의 **토양**은 진흙 **성분**이라서 물이 스며들지 않고 고일 가능성이 높아."

"딴 집들은 축대를 쌓지 않던데요?"
"그래, 아파트 같은 곳은 축대 대신 콘크리트 벽을 쌓아서 흙이 무너지는 걸 막아 주지."
"우리는 왜 그렇게 안 해요?"
"우리가 쌓는 이 축대가 가격도 싸면서 오래된 전통 방식이야. 축대를 쌓는 **형식**은 여러 가지가 있는데 아빠는 돈이 없기 때문에 이런 식으로 하기로 했어."
운정이는 얼마 전, 학교에서 지진 예방 대피 훈련을 했던 게 생각났습

니다.

"지진 같은 게 나면 어떻게 해요?"

"걱정할 필요 없어. 축대는 한번 **고정**되면 지진이나 **진동**에도 아주 강하단다."

"정말요?"

"그럼! 집 짓는 것은 돈이 너무 들어도 안 되지만 가장 중요한 것은 안전이란다."

"아, 그렇구나."

운정이는 생각했습니다. 도시에 살 때는 아빠가 월급을 꼬박꼬박 받아 와 생활에 불편함이 없었는데, 시골에 내려오니 조금씩 쪼들리는 것 같았습니다. 그건 아마도 아빠가 집을 지어야 하고 새로운 생활에 적응해야 하기 때문일 것입니다.

"운정아, 새참 가져가."

집 안에서 엄마 목소리가 들려왔습니다.

"네, 엄마."

집 안에 들어가니 엄마가 시원한 수박화채를 만들어 놓았습니다.

"와, 맛있겠다."

"이거 아빠와 아저씨들 드시라고 내다 드려."

운정이는 화채 그릇을 쟁반에 받쳐 들고 뒷마당으로 나갔습니다.

"아빠, 엄마가 이거 드시고 하시래요."

"안 그래도 목말랐는데 잘됐다."

아빠가 아저씨들을 불러 모았습니다. 땀 흘리며 일하던 아저씨들이 모여와 시원한 수박화채를 한 모금씩 들이켰습니다.

축대가 제법 높이 쌓였습니다. 일의 진도가 팍팍 나가는 것이 눈에 보였습니다.

"와, 아저씨들 수고 많이 하시네요."

"그래, 고맙다."

일꾼 아저씨들이 운정이를 보며 방긋 미소를 지었습니다.

2단계 고 박사님의 단어 노트

 **이야기에 담긴 단어 알기**

1. **도형:** 점, 선, 면으로 이루어진 모양.
2. **모서리:** 입체도형에서 면과 면이 만나는 선분.
3. **사각형:** 4개의 선분으로 둘러싸인 도형.
4. **강수량:** 비, 눈, 우박, 서리, 안개 등 일정 기간 동안 일정한 곳에 내린 물의 총량.
5. **배출:** 안에서 밖으로 밀어 내보냄.
6. **토양:** 땅 위에 드러난 암석이 잘게 부서지며 만들어진 것. 흙.
7. **성분:** 유기적 통일체를 이루고 있는 것의 한 부분.
8. **형식:** 일을 할 때, 일정한 절차나 양식.
9. **고정:** 한번 정한 대로 두고, 바꾸지 아니함.
10. **진동:** 물체가 떨리는 상태.

 ## 고 박사님의 멘토링

축대는 돌로 쌓은 것이고 철근 콘크리트로 쌓은 것은 옹벽이라고 합니다. 이 가운데 축대는 무거운 돌을 쌓아 올려 뒤에 있는 흙들이 밀고 나오지 못하게 막는 원리입니다. 그런데 이런 축대 부근에 나무를 심으면 무척 위험합니다. 나무뿌리가 파고 들어가 축대에 금이 가고 뿌리가 썩으면 내려앉아 붕괴될 수도 있기 때문입니다. 축대 부근의 나무는 베어 내고 축대의 틈새는 시멘트로 꼼꼼히 메워야 합니다. 혹시라도 길을 가다 축대에 금이 가 있거나 물이 배수구 아닌 곳으로 새어 나오면 반드시 신고해야 안전을 지킬 수 있습니다.

 ## 물이 침식에 끼치는 영향

지표면의 모습을 바꾸는 여러 힘 가운데 하나가 물의 순환입니다. 특히 비가 많이 내리고 하천이 흐르는 기후에서는 지표면이 많이 변합니다. 물은 풍화, 침식, 퇴적 작용을 통해 단단한 암석을 분해하고 흙으로 만듭니다. 우리나라에 흔한 화강암은 풍화되어 사질 토양이 됩니다. 변성암 종류는 점토성 토양이 됩니다. 한반도는 오랜 기간 습기가 높은 기후로 산지는 깎여서 둥글둥글해지는 노년기의 모습을 보입니다. 우리가 흔히 보는 산사태도 바로 물이 만든 풍화라고 할 수 있습니다.

3단계
개념을 위한 논술 교실

1 다음 단어를 넣어서 문장을 완성해 보세요.

배출:

강수량:

모서리:

사각형:

진동:

2 내가 집을 짓는다면 어떤 점에 특별히 신경 써서 집을 지을지 세 가지만 써 보세요.

1)

2)

3)

3 우리 주변에 축대나 옹벽이 있는지 관찰해 보고, 안전에 문제가 없는지 조사한 것을 글로 정리해 써 보세요.

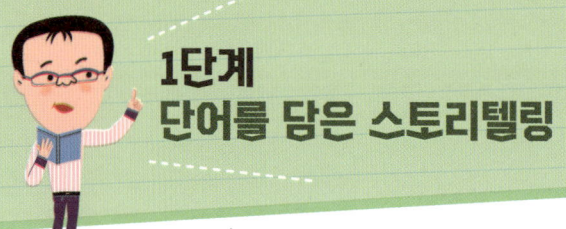 

스마트폰 천문대

한여름 밤이었습니다. 낮부터 무더위가 기승을 부렸습니다. 서윤이는 아빠와 함께 아파트 앞뒤 문을 다 열고 선풍기 바람을 최강으로 켰지만 무더위에 견딜 수가 없었습니다.

"오늘 밤 전력 소비가 많겠는데?"

아빠가 걱정을 했습니다.

"아빠, 사람들이 선풍기를 많이 켜서일까요?"

"아니, 선풍기보다 에어컨이 훨씬 전기를 많이 먹거든."

"우리처럼 선풍기를 켜면 별문제 없겠네요."

"그러게 말이다."

아빠가 그렇게 말하자마자 공교롭게도 정말 정전이 되어 버렸습니다. 사방이 온통 깜깜해졌습니다.

갑자기 비상등이 켜졌습니다. 베란다 밖을 내다보던 서윤이가 말했습니다.

"아빠, 우리 아파트 전부 다 정전이에요."

"그래, 빨리 밖으로 나가자."

"왜요?"

"달과 별을 많이 볼 수 있거든."

아빠는 핸드폰을 들고 서둘러 서윤이를 앞세워 밖으로 나갔습니다. 세상은 온통 깜깜했습니다. 가로등도 꺼지고, 지나가는 아저씨들은 핸드폰 불빛을 손전등으로 쓰며 길을 걸었습니다.

"와! 별들이 이렇게 많은 줄 몰랐어요."

"달과 별을 관측해 볼까?"

"뭘로요? 우리는 **천체** 망원경도 없잖아요."

"하하하!"

아빠는 스마트폰을 꺼냈습니다.

"사람들은 스마트폰이 훌륭한 천체 망원경인 걸 모르고 있어."

"정말요?"

"자, 저 달과 그 옆에 반짝이는 별을 찍어 봐. 저게 바로 금성이야, 금성은 지구와 같이 태양 주위를 도는 **행성**이란다."

"와, 저렇게 큰 별이 있어요?"

"금성은 별은 아니고 태양빛을 반사해서 빛이 나는 거란다."

아빠가 스마트폰으로 달과 금성을 찍었습니다.

"우리는 가끔 성능 좋은 쌍안경으로 **위성**을 확인할 수 있어."

아빠가 스마트폰으로 화면을 보며 확대와 **축소**를 하자 달과 금성이 적당한 크기로 잘 보였습니다.

"자, 스마트폰으로 확대 **비율**을 잘 조정하면 멋진 사진이 나올 수 있단다. 요즘은 스마트폰이 좋거든."

"와! 그렇네요."

"북극성도 한번 찍어 볼까? 북극성은 국자처럼 생긴 북두칠성을 끝의 두 별 거리를 일직선으로 다섯 배 간 곳에 있는 별이야. 항상 북쪽 하늘 한가운데 있기 때문에 어디에 있든 북쪽을 알 수 있지."

아빠는 **연속**으로 사진을 찍었습니다.

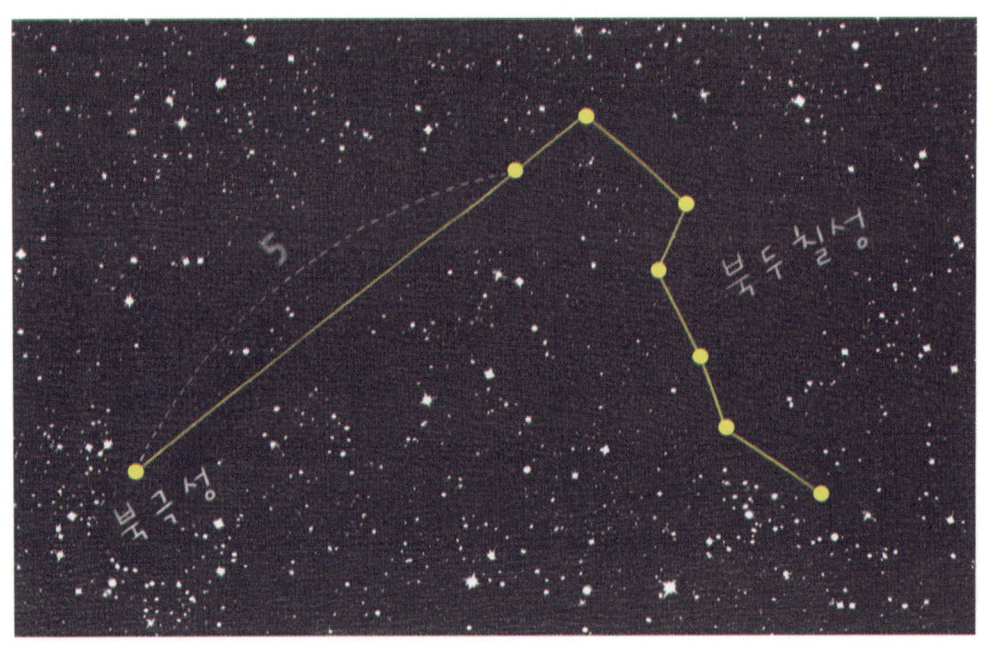

"왜 그렇게 사진을 많이 찍어요?"

"이 중에 제일 좋은 걸 찾아보려고. 이렇게 자료가 많아야 천체 관찰 **기록**이 정확하게 되거든."

"달은 왜 저렇게 커요?"

"달은 지구의 **둘레**를 도는 위성이야. 달의 인력 **에너지** 때문에 조수 간만의 차가 생기고, 지구에서는 밀물과 썰물이 생긴단다."

"그렇군요."

서윤이가 신나게 하늘의 별을 구경하고 있을 때, 갑자기 전기가 들어왔습니다. 놀이터의 가로등 **전구**에 불이 들어오자, 하늘의 별들이 일제히 사라졌습니다.

"아빠, 불이 들어오니까 별이 사라졌어요."

"그래서 천문대는 깜깜한 곳에 주로 있단다. 높은 산꼭대기나 빛이 닿지 않는 곳에 자리 잡지. 그래도 오늘은 정전이 된 덕분에 좋은 사진 많이 찍었네."

서윤이는 아빠 손을 잡고 집으로 돌아왔습니다. 깜깜했다 밝아지니 더위도 조금은 사라진 것 같았습니다.

2단계
고 박사님의 단어 노트

 **이야기에 담긴 단어 알기**

1. **천체:** 우주에 존재하는 모든 물체를 통틀어 이르는 말.
2. **행성:** 태양 주위를 돌며 스스로 빛을 내지 않는 천체.
3. **위성:** 행성의 인력에 의해 행성 둘레를 도는 천체.
4. **축소:** 모양이나 규모 등을 줄여서 작게 함.
5. **비율:** 기준량에 대한 비교하는 양의 크기.
6. **연속:** 끊이지 않고 죽 이어지거나 지속함.
7. **기록:** 주로 후일에 남길 목적으로 어떤 사실을 적음.
8. **둘레:** 사물의 가장자리를 한 바퀴 돈 길이.
9. **에너지:** 물체가 가지고 있는, 또는 일을 할 수 있는 능력.
10. **전구:** 유리구에 필라멘트라는 저항선을 넣어 전류를 흘려 빛을 내게 하는 것.

 **고 박사님의 멘토링**

우리는 길을 찾기 위해 북극성에 관심이 많지만 남반구 사람들은 남십자성에 관심이 많습니다. 이 별은 십자가 모양의 네 개의 별을 뜻합니다. 남반구에서는 1년 내내 볼 수 있지만 한국에서는 잘 볼 수 없습니다. '十'자 모양이 정확히 정남쪽을 가리키는 것은 아니지만 가까운 곳을 항해하던 사람들이 방향을 잡을 때 큰 도움을 받았습니다. 기준이라는 것은 이렇게 나만의 것이 절대적으로 옳은 것은 아닙니다. 그 사람의 입장이나 위치에 따라 전혀 다른 기준이 적용될 수 있습니다.

 **천체 망원경에 대해 알아볼까요?**

우리가 쓰는 망원경은 대부분 눈에 보이는 사물을 크게 확대하는 기능을 가지고 있습니다. 하지만 천체 망원경은 천체에서 복사되는 에너지의 양과 세기 등의 정보를 통해 천체를 분석하는 기능을 가진 것입니다. 갈릴레오가 만든 망원경이 최초입니다. 일반적으로 큰 직경을 가진 천체 망원경일수록 공간에서 전기장과 자기장이 주기적으로 변화하면서 전달되는 파동인 전자기파를 모아 확대하는 기능이 더 뛰어납니다.

3단계
개념을 위한 논술 교실

1 다음 단어를 넣어서 문장을 완성해 보세요.

둘레:

전구:

위성:

에너지:

기록:

2 태양 둘레를 도는 행성을 세 가지만 조사해 보고, 각각의 특징을 써 보세요.

1)

2)

3)

3 만일 지구가 멸망한다면 나는 우주의 어느 별로 이주할 것이지 생각해 보고, 가서 어떤 일을 할 것인지 상상해 다른 천체에서의 내 모습을 글로 써 보세요.

The vocabulary is a bullet!

Knowing a lot of vocabulary means broadening your thinking. If you know the name of the thing, you no longer need to find a dictionary for it. Having good vocabulary is like making a lot of things mine. It's no different than taking a lot of bullets when a soldier goes to war.

If you don't understand many vocabularies in your textbooks in elementary school, no matter how much you study in middle and high schools, your working is like building a tower on the sand. One of the reasons why you have to read many books and write a lot is to make these vocabulary yours. This book is designed for such children.

We extracted words from textbooks and introduced the words with interesting storytelling. It makes you know the use of a word naturally through a story, summarizes the meaning for you, and throws the thoughts related to away to you. Also this book is organized the mentoring section to deepen your knowledge. In addition, it provides you training to think through various essays for writing, and makes you learn to practice by writing articles that fit the given topics.